林业规划评估方法学

陈绍志　何友均 等　编著

科学出版社
北　京

内 容 简 介

规划评估是编制规划和实施规划的重要组成，有利于提高规划的指导性、严肃性和约束性。本书详细介绍了国内外林业规划实施评估现状、相关理论与方法，阐述了林业规划实施评估系统和环境、规划方案和执行系统评估、规划实施过程评估、规划实施评估方法，提出了规划实施评估程序，为我国科学、规范开展林业规划实施评估工作提供理论与方法学支撑，为修编、调整规划和编制后续相关规划提供科学依据。

本书可供林草建设、生态保护、土地管理、资源经济、环境管理等领域的高等院校、科研院所，以及规划设计、林业管理和决策部门参阅，也可为相关专业大中院校学生、技术人员等利益相关者提供参考。

图书在版编目(CIP)数据

林业规划评估方法学／陈绍志等编著. —北京：科学出版社，2020. 8
ISBN 978-7-03-065781-7

Ⅰ. ①林…　Ⅱ. ①陈…　Ⅲ. ①林业经济-经济规划-评估方法-中国
Ⅳ. ①F326. 2

中国版本图书馆 CIP 数据核字（2020）第 144556 号

责任编辑：李轶冰／责任校对：樊雅琼
责任印制：吴兆东／封面设计：无极书装

科学出版社 出版
北京东黄城根北街 16 号
邮政编码：100717
http://www.sciencep.com
北京捷迅佳彩印刷有限公司印刷
科学出版社发行　各地新华书店经销
*
2020 年 8 月第　一　版　开本：720×1000　1/16
2024 年 5 月第二次印刷　印张：11 1/2
字数：230 000
定价：138. 00 元
（如有印装质量问题，我社负责调换）

编辑委员会

前　　言

规划是指导一个国家可持续发展的重要战略性工具，在社会经济发展中具有不可替代的地位和作用。主要发达国家基本形成了比较完善的规划体系和比较健全的规划实施评估机制。规划实施评估是推动规划从静态的蓝图规划向动态的政策规划转变，以确保规划有效实施的重要环节，既有助于加强规划实施过程管理和监督，提高规划的指导性和约束性，也有助于及时分析和评估规划实施过程中存在的主要问题，研判未来发展形势，找出存在偏差的原因，提出解决问题的方法，为修编、调整规划和编制后续相关规划提供科学依据，提高决策的科学化和民主化水平。

我国对规划实施评估提出了明确要求，并在相关行业开展了评估实践。《国务院关于加强国民经济和社会发展规划编制工作的若干意见》（国发〔2005〕33号）提出实行规划评估制度，要求规划编制部门要在规划实施过程中适时组织开展对规划实施情况的评估，及时发现问题，认真分析产生问题的原因，提出有针对性的对策建议。2007年，《国家发展和改革委员会关于印发〈国家级专项规划管理暂行办法〉的通知》（发改规划〔2007〕794号）规定，国家级专项规划需要加强规划衔接、监测和评估工作。《中华人民共和国国民经济和社会发展第十三个五年规划纲要》强调，要完善规划实施机制，开展规划实施情况动态监测和评估工作，把监测评估结果作为改进政府工作和绩效考核的重要依据。

为了贯彻执行国家规划实施评估制度，我国在国家、省、地区等不同尺度对相关领域的规划实施情况开展了评估，为规划的顺利实施、调整和完善提供了科学依据。中国科学院-清华大学国情研究中心对“十五”计划实施情况进行了评估。国家发展和改革委员会组织开展了国民经济和社会发展“十一五”“十二五”“十三五”规划纲要评估。同时，我国在国土空间、城乡规划、土地利用、环境保护、节能减排、体育、文教、卫生、医疗、饮用水、农业、林业、水利、交通等领域也开展了规划实施评估工作。

林业是重要的公益事业和基础产业，林业建设是事关经济社会可持续发展的根本性问题。林业在建设生态文明、维护国家生态安全、应对气候变化、保护生物多样性、提供优质生态产品、促进绿色发展和建设美丽中国中具有重要地位和作用。林业规划能否得到有效执行事关林业建设和社会经济发展大局，如何评估和检验林业规划实施的成效成为党和国家关注的重要问题。20 世纪 90 年代以来，我国陆续开展的林业投资项目社会评价、林业建设工程项目综合绩效评价和林业生态工程综合效益评价，可以看作林业规划实施评估的前期探索和重要组成部分。近年来，受国家发展和改革委员会的委托，中国国际工程咨询公司对部分国家林业规划实施情况进行了评估。同时，国家林业主管部门也委托部分机构开展了相关规划实施评估工作。但是，这些评估主要从政策制定者和项目管理者的角度出发，缺乏对是否实现预期目标、投入产出、效果和影响的外部评估，没有形成系统的规划实施评估理论、方法与程序，不利于规划制定、实施和修订。因此，急需建立一套科学、可行的林业规划实施评估方法学，指导全国林业规划实施评估工作。本书以生态文明思想为核心价值观，以“创新、协调、绿色、开放、共享”五大理念为引领，深入分析国内外林业规划实施评估现状和相关的理论与方法，提出对我国开展林业规划实施评估的启示；阐述林业规划实施评估主体、客体和环境；阐明林业规划方案和执行系统评估；详述林业规划实施过程评估，识别存在的主要问题和原因；探索聚焦林业现状问题挖掘的评估方法；提出林业规划实施评估程序。

在本书编写过程中，中国林业科学研究院林业科技信息研究所原所长、中国绿色时报社党委书记、教授级高级工程师陈绍志负责本书研究思路设计、整体协调，并负责第 6 章林业规划实施评估方法等主要章节的研究编写工作；中国林业科学研究院林业科技信息研究所何友均研究员负责本书框架设计、书稿统筹校对，并编写了第 5 章林业规划实施过程评估、第 6 章林业规划实施评估方法，以及第 1 章国外林业规划现状和评估方法中的林业规划实施评估理论与方法。参与本书研究编写工作的其他主要成员包括：中国林业科学研究院林业科技信息研究所副研究员张德成负责第 1 章国外林业规划现状和评估方法中的主要国家林业规划现状，研究员李忠魁负责第 2 章国内林业规划实施评估现状，副研究员谢和生负责第 3 章林业规划实施评估系统与环境，副研究员赵荣负责第 4 章林业规划方案和执行系统评估，研究员胡延杰负责第 8 章林业规划实施评估程序，研究生肖仁乾参与后期统稿、全书校编等工作；国家林业和草原局荒漠化防治司调研员刘勇负责第 7 章林业规划实施综合评估；国家林业和草原局管理干部学院助理研究员苏立娟参与编写第 6 章林业规划实施评估方法。同时，本书能够顺利完成并出版，得到了国家林业和草原局规划财务司副司长陈嘉文、处长那春风的支持指导。在此，向参与项目研究、本书编写并付出辛勤劳动的所有相关人员表示衷心感谢。

作者水平所限，书中难免有疏漏之处，敬请批评指正。

作 者

2020 年 3 月

目　　录

第1章 国外林业规划现状和评估方法

规划指个人或组织制定的比较全面长远的发展计划，是对未来战略性、整体性、长期性、基本性及重要性问题的思考和考量，也是融合多学科、多技术、多要素的某一特定领域的发展愿景（陈信旺等，2016）。林业规划是对林业建设的中长期生产力部署，主要指在特定范围内围绕既定方针，采取先进技术手段，提出包括指导思想、基本原则、发展目标、总体布局、主要任务、重大工程项目、重要政策及保障措施等综合的林业建设方案，为林业可持续发展提供决策依据，具有纲领性作用。

1.1 主要国家林业规划现状

1.1.1 美国的林业规划

美国林业规划分国家级规划和地方级规划，美国农业部林务局（简称“林务局”）在国有林系统内建立三级计划，即针对大林区的区域指南、针对林管区的林管区计划和针对营林区的营林区计划。以完成和满足国家级林业计划对国有林系统提出的任务与要求，所有林业活动都按规划和计划进行，任何一届政府都不得随意改变。不重复建设和多头投资，既节约资源和成本，又保证计划执行的连续性。

美国国有林规划的编制规则，源于1976年通过的《国有林管理法》中的规定。该法要求美国农业部林务局管理的每片森林和草原都要编制土地经营方案，并应制定土地经营方案编制规则，对土地经营方案的编制和修订程序、主要内容等加以规定。2012 年之前大部分国有林经营计划遵照美国农业部林务局 1982 年制定的《国有林土地管理规划规程》。2012 年，美国农业部长签署最新的《国有森林系统土地管理规划条例》，替代 1982 年《国有林土地管理规划规程》，以指导新的国有林规划的制定和修订（Dubé and Schmithüsen，2007）。

美国国有林规划编制过程复杂，大致包括分析评估、制定修订、监测反馈三个阶段，这三个阶段是互补的。在分析评估阶段，美国农业部林务局对国家森林及周边的生态、经济和社会等方面的现况、趋势和可持续性进行快速分析研判，主要的资料是各个部门的计划、政府或非政府发布的报告，广泛收集信息，并通过会议、实地考察、科学论坛、互联网调查等方法邀请多主体参与到评估中。在制定修订阶段，由多学科规划专家组成规划编制组，综合国有森林实际状况、评估信息和公众意见等确定国有林所面临的需求，根据这些需求制定一个拟议规划，收集意见评论拟议计划，之后修订计划，最后批准计划。在监测反馈阶段，在规划的实施过程中，林务局将会监测该森林计划的实施效果，或者制定专门的计划监测项目，或者通过广泛的监测意见收集，其监测内容主要包括水、植物和动物群落、土地生产力、气候响应等方面，同时还包括游客数量、服务设施等。每两年出台一个监测报告。林务局可根据监测报告确定是否需要对国有林进行新的分析评估，或是否需要对规划进行调整。

2015 年底，美国农业部林务局网站公布了《2016～2026 年美国城市林业十年行动计划》，该计划是林务局战略规划的补充计划，是林务局及其他联邦机构进行城市林业建设的指导性文件，计划明确了美国未来 10 年城市林业发展的目标、行动和措施。通过评估城市森林资源现状，总结过去 10 年城市和社区林业项目，提出了 2016～2026 年美国城市林业发展的七大目标 25 项行动，能够为所有对城市林业感兴趣的社区、所有者及个人提供参考指导。

1.1.2 日本的森林计划

日本林业部门充分认识到有计划地维持和培育健全的森林是关系国计民

生的重大政策性问题，必须通过科学的森林计划制度，明确有关森林/林业的长期性、综合性政策方向和目标，明确森林所有者和经营者管理森林的方针，并制定相关政策。实行森林计划制度的重要意义在于：一方面可以维系森林正常功能，森林具备涵养水源、预防地质灾害、保护自然环境、美化生活环境、提供各种林产品等多种功能；另一方面可以规避乱砍滥伐行为。另外，森林经营的资金一旦投入进去，就需要相当长的一段时间才能取得回报，必须按计划保证足额投入。因此，需要从长远角度制定森林计划。

日本有比较健全的森林计划体系。①在宏观层面上，政府根据《森林与林业基本法》制定《森林与林业基本计划》，明确森林经营的长期综合性政策目标。农林水产大臣根据《森林与林业基本计划》制定为期 15 年的《全国森林计划》，该计划每 5 年修订一次。为满足《森林与林业基本计划》要求，日本于 2013 年 10 月制定了新一版《全国森林计划》（2014 ~ 2028 年），并于 2016 年 5 月对其进行了修订。《全国森林计划》（2014 ~ 2028 年）针对日本森林，以森林整备和保护为目标，提出立木采伐和造林的计划量及实施作业的标准等，成为都道府县知事制定《区域森林计划》的指导方针。同时，农林水产大臣还从政府主要负责林业公共事业的职责出发，制定与《全国森林计划》同期的《森林整备保全事业计划》，以维护国土安全、保护生物多样性、推进可持续森林经营和提高山村活力。②在中观层面上，日本分别有与国有林和民有林相关的森林计划，都道府县知事和森林管理局局长根据《森林与林业基本法》为日本全国 158 个森林计划区（流域）制定了《区域森林计划》和《各地区国有林森林计划》。这些计划依据《全国森林计划》，在保持地方特色基础上制定森林整备与保护目标，提出森林分区规划及采伐等措施。③在微观层面上，市町村长也同样参考《森林与林业基本法》，制定了《市町村森林整备计划》，确定森林整备的长期计划，并包括为实现这一计划而对森林所有者提出的森林作业与森林保护技术规范。

日本为了最大限度地使森林计划符合全社会对森林经营的期待，实施广泛参与的计划编制方法。在计划制定过程中，国家层面强调国有林管理机构与民有林利益相关部门的合作；地方层面强调国有林管理派出机构与所在地方的协调合作，森林计划的方案向广大民众公开，征求各方意见，经充分的专家评估与反复修改，之后才发布实施。

1.1.3 芬兰的森林计划

过去50多年来，芬兰森林计划发挥了重要作用，其作为一种政策工具，促进了国家对林业部门的资金支持。1961年，芬兰制定了第一个森林计划，并以起草计划的作者名字的首个字母将其命名为HKNL计划。随后，芬兰分别制定了Teho计划（1962~1964年）、Mero计划（1964年、1966年、1969年）、2000森林计划（1985年）和林业环境计划（1994年），但直到1999年才颁布第一个国家森林计划，即《2010国家森林计划》，这项计划由议会发布，而不像以往那样由农林部发布。

国家森林计划是芬兰林业政策的基石和战略基础，旨在确保以森林为基础的产业和生计、生物多样性和森林健康，以及全民户外游憩的机会。1999年颁布的《2010国家森林计划》是芬兰当时最全面的林业规划，详细说明了森林受许多不同政策的影响，要求妥善协调各部门、把林业的想法整合到各部门政策中，并在森林计划中也考虑各部门的前景。该计划以林业环境规划为基础，规划提供更多的资金以资助生态系统经营，保证生态的可持续性，发挥狩猎、驯鹿管理、采集野生蘑菇和浆果等功能，以及森林风景和文化价值、游憩和旅游价值，同时加强森林利用和森林保护。作为政府计划的一部分，《2010国家森林计划》由芬兰农林部在森林理事会及其秘书处和工作组的帮助下协调实施。森林理事会是为芬兰农林部提供支持的咨询委员会，不同的行政管理部门、森林工业、非政府组织和专家组织在森林理事会中都占有一席之地。

从2005年起，芬兰根据政府计划设定的指南对国家森林计划进行了第一次修订，直到2008年3月，政府才确定了新的国家森林计划，并将计划期限延长到2015年。由于林业部门整个运作环境和林业产业结构的剧烈变化，特别是金融危机、产品需求、技术与信息经济的快速发展、气候变化、不可再生资源的耗竭及人口结构和价值等变化对林业部门的挑战，到 2010 年时该计划又需要进行修订。2010 年 12 月，政府决议通过了修订后的《国家森林计划（2008 ~ 2015 年）》，该计划致力于将芬兰打造为未来全球生物经济中负责任的先锋国家。

1.1.4 德国的林业规划

德国依据《联邦森林法》制定了《森林基本计划》。制定该计划的目的在于：发挥生态系统及森林的防护功能、游憩功能，维护和营造森林，改善森林状况，夯实森林资源所有制结构及林道等生产基础，具体的制度内容由各州的州森林法作出规定。同时，德国还依据《土地整理法》和《建筑法典》制定了联邦、州、市、镇、村各层面的以全部国土为对象的《综合国土整理计划》，还按部门制定了部门计划。《森林基本计划》是德国国土利用规划中负责森林管理的计划，对林地用途作出了规定。

在制定规划过程中，首先，多部门参与土地利用规划。林业、农业、环保等部门共同参加，划分林业、农业、牧业、村镇等不同性质的用地，形成一个各部门都能接受的土地利用规划，这样就使林业行业规划变成了国土利用规划的一个组成部分，为实施林业规划打下了良好基础。其次，土地利用规划报政府审批，政府一旦批准后，林业部门按所规划的林业用地制定《森林基本计划》，有关部门、单位和个人必须遵守执行。林业规划逐级细化，下一级规划是对上一级规划的局部放大，地块上很清楚，直到小班作业设计，林种、树种、栽植方式等十分具体，设计图表一目了然，有的甚至具体到每一棵树的栽植位置都清楚地标在图面上。德国对全国每块林地都编制了详细的立地指数表和森林经营方案。每 10 年统一清查所有森林资源和调整编制森林经营方案。这项工作从 18 世纪开始，已有 200 多年历史。森林资源清查包括森林区划、立地类型调查、生长量调查等，清查后编制以林班为单位的各种资源调查数据表，绘制林相图、立地类型图、土壤图等。森林经营方案包括经营目标、轮伐期、采伐量、更新、抚育、保护和修筑林道等计划。森林区划和森林经营方案具有法律效力。各林业机构再将这些计划分解为年度计划，落实到小班，严格按计划组织实施。在各种作业过程中，要进行详细记录，建立档案，并输入电脑作为森林资源变化统计和管理的依据（颜培瑾，2014）。德国的林业相关规划执行十分严格，一旦确定，不论是部门，还是单位都要按照规划内容、步骤、方式等不折不扣地严格执行。因特殊原因无法执行规划而需对规划进行修改时，必须通过原批准单位的再次审批。

1.1.5 俄罗斯的林业规划

俄罗斯2006年修订形成新的《俄罗斯联邦森林法典》，并于2007年1月1日全面生效。该森林法典规定要制定《俄罗斯联邦主体林业计划》，该计划的结构和草拟程序由俄罗斯联邦政府规定。《俄罗斯联邦主体林业计划》附有标明森林经营地块、森林公园四至，以及计划开发地带的地图。俄罗斯联邦政府层面的森林规划一般每10年进行一次修订。俄罗斯重视规划在森林管理中的作用，规定在林地租赁时，承租者要按照各地森林管理部门制定的地区林业方案，由森林经营管理单位对各林区进行林业经营管理，而后地方林业局通过拍卖的形式将林地租赁给个人或企业，承租者制定出开发计划和采伐区开采施工图表，林地使用者按期向联邦政府申报森林经营状况、林地使用情形、采伐区特征等。

俄罗斯政府始终将发展木材深加工业放在产业振兴的首位，将发展纸浆和造纸工业作为产业发展的目标。2008年，俄罗斯政府制定了《2020年俄罗斯森林工业发展战略》，明确指出俄罗斯联邦林业战略发展的主要目标包括：满足国内市场对国产高品质纸张的市场需求；增加俄罗斯木材深加工产品在出口市场上的份额；在保证森林资源可持续供应的同时发展森林游憩，为生态环境保护和生物多样性保护创造条件。林业发展的优先方向包括：发展先进的木材精深加工、化工产业；大力发展多功能、可持续林业。

1.2 林业规划实施评估理论与方法

1.2.1 评估理论

对规划实施的评估主要是围绕已付诸实施的规划展开，即对规划实施后的结果是否达到原规划编制中的预期要求进行评估。本节以新西兰为例介绍林业规划实施评估理论（苏立娟等，2014）。

1.2.1.1 战略环境评价

战略环境评价（strategic environmental assessment，SEA）是指对规划及其替代方案的生态环境影响进行正式的、系统的和综合的评价，同时考虑经济和社会因素的影响。新西兰《资源管理法案》（*Resource Management Act*，RMA）的第 5 章第 32 条要求，地方政府在制定规划和开展规划实施评估时必须实施战略环境评价。这样，可持续管理中的战略环境评价就构成了《资源管理法案》的基础。新西兰的战略环境评价属于综合型战略环境评价，即将 SEA 作为战略决策的一部分融入决策过程中。新西兰许多部门将生态环境影响评价融入部门的发展规划中，当然林业部门也不例外。新西兰于 1990 年前后开始实施战略环境评价，并以政府命令等形式对战略环境评价作出了一些相关的规定，并且通过《资源管理法案》确保规划实施评估过程中必须开展生态环境影响评价。新西兰立法规定，任何第三方如果认为评估部门和主审机关对于生态环境影响评估中某些不利影响因素未给予充分考虑，则可以向专门的环境法院提起环境诉讼，请求法院发布强制执行令要求重新评估。新西兰已用立法的形式建立了一套较完善的战略环境评价体系。许多人认为，新西兰《资源管理法案》是环境评价方面最重要和最具创新的国家立法，该法案要求规划或项目开始实施后，必须引入公众参与和社区咨询机制。

1.2.1.2 基于绩效的规划实施评估理论

基于绩效的规划实施评估理论考虑林业规划实施过程的不确定性，并认为规划对未来发展仅起导向作用，而不是一个具体的蓝图。这种理论认为，只要在决策中参考了这一规划，或者实施了部分规划，就可认定该规划实施了。也就是说，在制定林业规划和实施规划的过程中，社会背景、外部环境随时都可能发生变化，因此林业规划方案与最终实施结果不一致，或者是规划最终目的未得以实现，并不一定表示规划失败了。相反，如果规划体现了决策的主旨，即使结局与最初设计有所出入，也应该认为规划有效地实施了。这一理论假定规划是可行的，并且可以随着环境的变化随时调整。换句话说，如果实施过程中有必要偏离规划，尽管与原规划设定不一致，但也可以合理地认为该规划得到了有效实施。

基于绩效的规划实施评估理论认为林业规划的实施结果不仅与规划的编制质量相关，还与规划的实施过程密切相关。现实中有许多规划之所以未能实现预定的目标，就是因为在实施阶段出现了新的问题，而这些问题往往容易被规划执行部门忽视，而且这些规划执行部门并未分析其具体原因。所以当规划执行未能达到预期要求的时候，往往会简单地归因于当初的规划编制质量。当然，规划编制不到位或不全面会带来不好的结果。但实践表明，即使是最好的规划也会由于实施过程中遇到的问题而失败。因此，该理论认为，必须对林业规划实施过程进行深入研究，以获得对规划实施结果的客观、公正、全面的评价。

1.2.1.3 基于一致性的规划实施评估理论

基于一致性的规划实施评估理论注重林业规划的实施效果与规划目标和任务之间是否一致。该理论假定，林业规划是具体而详细的，规划实施的最终实际结果和规划预期的目标之间有直接的联系，林业规划实施结果与原规划出现偏离或吻合都是可以衡量的。一个规划是否实施或实施到何种程度，可以用基于一致性的规划实施评估理论来评估。基于一致性的规划实施评估理论强调规划许可过程和适宜的发展技术的应用。基于一致性的规划实施评估的重要前提是许可程序，它是指对规划需要涉及的各个部门、各个地区按不同的职责进行划分，并且对它们所要完成的内容进行具体的规定，以保证各部门按照其规定分工协作，不得有任何逾越，进而全面完成各自的任务。规划者可以用这种方法来评估规划在实施过程中的优劣，并根据这些信息，描述当前规划中存在的未注意到或未解决的问题。该理论强调规划实施的实际结果，也强调规划与实际执行过程的关系，只有当实际执行过程中各项举措和结果符合政策并满足规划制定的目标时，才认为该规划得到合理实施。该理论的基本假设是：规划是合理的，符合未来发展蓝图；规划目标与实施效果之间存在直接的关系；规划中的政策可以指导未来发展，发展的程度可以进行定性或定量的测定。

在基于一致性的规划实施评估理论指导下对林业规划实施结果进行评估时，如何衡量规划实施结果比较重要。有研究认为，对规划实施结果的评估就是将最后实现的结果与规划预期结果进行对照，完全按照原规划的要求实施就是最成功的。也有研究者并不过分强调规划实施结果必须与规划预期结果高度吻合。对于林业规划而言，规划实施是否成功，主要看林业规划实施结果是否符合规划制定的意图。

从两种评估理论所反映的思想来看，基于一致性的规划实施评估理论更合适林业规划实施评估。其原因如下：①规划实施评估应该反映规划者的原则和意图。大多数林业规划者强调规划实施的效果，为实现规划的目标和任务制定合理的实施计划，期望尽可能使规划影响未来的发展，是未来发展的蓝图。②规划决策具有很强的不确定性，这种不确定性会影响基于绩效的评估的有效性，因此它在理论上适用于主要的、长期的规划决策，不适用于短期的、地方的林业发展决策。

1.2.2 评估主体思路

在新西兰，林业规划实施评估主要包括规划实施过程评估（plan

implementation evaluation，PIE）和规划产出评估（plan outcome evaluation，POE）两种主体思路。

1.2.2.1 规划实施过程评估

规划实施过程评估思路是由美国与新西兰学者共同设计的，主要用于对规划实施过程和结果进行定量化和系统化评估。规划实施过程评估思路强调从规划实施的广度和规划实施的深度来评估规划实施过程。规划实施的广度是指在许可程序之下，在执行过程中实施了多少项任务。有些任务并没有得到实施，可能是因为太模糊不合实际，或者是因为同某一特定地区实际情况不符，也有可能是因为规划人员对于如何实施某项任务没有实际经验和方法。规划实施过程评估方法并不是尽力去解释这些规划中的任务为什么不能实施，而是区分出规划者可以重新考虑、修正和设计的要求或方法，以此来保证规划的正确实施。规划实施的深度是指将规划文本中提及的相关要求与实施过程中的相关技术建立对应联系，针对规划中的某一项要求，计算该项要求由于相关技术的使用而实现的实施深度，如某项林业措施成功实施的范围。

1.2.2.2 规划产出评估

规划产出评估的思路是在新西兰《资源管理法案》下制定的，为规划者和执行者提供了一个评估规划实施状况有效性的框架。规划产出评估强调将规划产出归因于对规划的干预，并对实现或未实现的原因进行解释。规划干预是指为达到预期结果在规划实施过程中使用的规范和非规范的方法。按照《资源管理法案》第35章的规定，监测林业规划实施的有效性是地方当局的义务，是政策制定周期的一个固定组成部分。更重要的是，监测结果可以证明规划的实施是否合理，是否实现了规划最初设定的目标。规划产出评估为规划实施有效性的评估提供了方法和范本，它涵盖了理论研究和评价方法，以及可用于评估复杂环境问题的工具。规划产出评估主要是针对规划实施后，在已知规划产出的情况下，从业者试图确定规划实施的有效性。

1.2.3 评估方法

林业规划实施评估方法主要包括成本-效益分析法（cost- benefit analysis）、主题评估法（topic evaluation）、最小需求法（minimum requirements approach）、规划平衡表法（planning balance sheet）、目标达成矩阵法（goals achievement matrix）。

1.2.3.1 成本-效益分析法

成本-效益分析法不仅以成本和收益确定和测量林业规划实施的影响(即以货币形式表示其积极和消极效果)，也提供了一个准则，根据设定的目标来判断规划是否合理。传统成本-效益分析法主要强调表示经济效率的单一目标，即如果折现的收益大于折现成本，那么这个规划是可取的。对于社会成本-效益分析法或扩展成本-效益分析法来说，目标函数还包括对收入分配和环境的影响。成本-效益分析法可以使得决策者将注意力放在收益和成本的相对重要性上。成本-效益分析法同其他评估方法一样，存在许多限制性因素，如在林业资源的配置上，很难确定相关的外部性——许多负面影响是未知的，很难定量或者货币化测量这些影响。同时，某些情况下也无法确定受益一方和受损失一方。此时，评估者将不得不利用主观判断来评估影响的重要性和因果之间的联系，可见评估者的知识和经验非常重要。随着经济发展与社会进步，规划目标从最初的追求经济利益转向对人的关注，规划中公平公正的价值观愈加凸显，成本-效益分析法在体现社会公平合理性方面的缺陷也愈加明显。

1.2.3.2 主题评估法

主题评估法是一种信息评估方式，是对主题按照支持/反对及可能的意义分别进行简单评估，重点放在林业规划实施的可行性方面。这种方法简单易操作，应用比较广泛。然而，这种方法忽略了林业规划实施后的边际成本。这种评估方法主要是一种非正式的方法，而且主题评估法由于缺乏合理性和科学的方法学意义而受到批评，今后如何进一步应用到林业规划实施评估中还需要重新考量。

1.2.3.3 最小需求法

最小需求法用在评估多利益群体寻求多元复杂目标的林业规划实施和相关决策中。为了使该方法有效，必须清楚评估中所涉及的每个利益群体的需求，确定衡量标准，并且必须共享信息，在利益群体间进行对话。最小需求法需要平衡各利益群体的要求，林业规划实施评估结果和提出的对策建议应该能够满足大部分利益群体的需求，而不会使后代人利益受损。

1.2.3.4 规划平衡表法

规划平衡表法是成本–效益分析法的一种变形，但很少将成本和收益定量化，并且忽视成本和收益的时间变化。它并不具体计算所有的价值，也不计算投资回报率，而是评估成本和可能的成效。该方法主要的特点是，社区将参与到林业规划实施过程中，并且被分成生产者、经营者和消费者三种角色。个人或组织可以具有一个或多个角色。对于每一个选择，每个组织的有利和不利之处都被列出来，并且进行排序，利用这个排序得到每个部门和社区的净总量。相对于成本–效益分析法，规划平衡表法至少在两方面有优势：①它整合了一些无法量化的因素的影响，并将其与货币化的其他因素做比较；②它能反映各个不同利益群体的诉求，并分析他们各自的成本与收益。然而，这种方法仍然强调绩效，因此会优先考虑那些能够减少成本、目标明确并且标准可以定量测量的林业规划。规划平衡表法中收益和成本可以加总，但是在决定影响权重和分布权重时主观性较强。

1.2.3.5 目标达成矩阵法

目标达成矩阵法由 Hill（1968）建立，用于测量和比较满足目标的大多数相似规划的有效性。该方法主要是对实现林业规划所提出目标的各种具体方案的可能性结果进行评价。具体来说，该方法是从已确立的目标出发，首先对不同目标进行重要性甄别，按照重要性程度进行排序；然后进一步定量评价各个方案符合目标的程度。林业规划实施评估小组通过给每一个可供选择的方案一个得分，来衡量达到某一目标的程度。该得分通常是在一组特定的目标间做对比得出的。以此为基础，对评估主体进行排序，然后加总这些得分得到一个复合的分数。目标权重可以通过公众调查的方法确定，或者由林业规划实施评估小组的专家讨论得出。与规划平衡表法不同，目标达成矩阵法不再单纯以经济效益为评估标准，而是融合了包括政府、民众、当地居民、规划人员等在内的各个团体的利益诉求，将无形的事物，如空气质量、水源涵养等概念纳入评估体系，极大地拓展了评估范围。然而，批评者认为目标达成矩阵法太过重视目标而忽略了林业规划本身，很多所谓的规划实施影响是由目标推演而来的，影响了评估的客观性。

1.2.4 评估的主要特点和启示

1.2.4.1 主要特点

（1）注重利益相关者和公众参与

新西兰林业规划实施评估特别重视规划人员和当地居民对评估过程的参与。1991 年制定的《资源管理法》规定，各级政府机关、个人、毛利人、私人企业等社会成员和团体均可以参与资源管理，出现的矛盾通过公众讨论和法庭进行协调。有两种参与方法：一是传统方法，包括表示讨论/选择之类文件的出版和咨询，该形式是在公共会议支持下进行的；二是展望法，公众参与是展望法最大的特点，这种展望会被当作规划目标是否实现的一个参考点。规划平衡表法、目标达成矩阵法等都强调公众的参与，强调公众、社会团体的利益要求，能够更加全面地反映公众对林业规划实施效果的态度和意见。

（2）注重调查和分析

林业规划实施评估的一个关键因素是调查研究和实证分析，尤其是趋势分析和状态分析。趋势分析是相当直接的，它以对影响发展的关键变量的详细监测和分析为依据。状态分析用来评估未来可替代的潜在前景。详细的调查和分析、可信的数据来源是新西兰林业规划实施评估的一大特点。

（3）以立法为基础开展评估

新西兰制定和实施的一系列法律法规为林业规划实施评估提供了很好的法律保障，确保相关规划实施评估得以顺利开展。例如，《资源管理法案》对规划实施评估的强制性要求等。这些法律性规定为林业规划实施评估提供了原则和准绳，对于判定林业规划实施过程和效果有很好的指导性作用。

（4）重视环境和社会效益评估

在新西兰林业规划实施评估中，经济分析是一个重点，包括成本和木材及其他林产品的收益等。近年来，新西兰不再强调单纯的经济效益评估，而是越来越重视林业规划实施的环境和社会效益及其影响，如规划实施对社区、生物多样性、水质及空气质量的影响评估等。

1.2.4.2 核心启示

新西兰林业的成功发展与其林业规划和评估有着重要关联，新西兰林业规划实施评估的主要启示如下。

（1）立法先行

在新西兰，立法有效地增强了林业规划实施与评估的有效性，为其提供了法律保障。目前，我国林业工程实施评估工作的管理较为松散，缺乏法律法规和政策支持，导致林业工程评估工作随意性大，独立性不强，科学性、权威性欠缺。当前，我国开始重视规划实施评估，在林业方面也开展了一些探索性评估，但并没有法律特别规定必须开展评估，因此评估的规范性、持续性都需要进一步完善。

（2）重视生态环境影响评估和公众参与

生态环境影响评估是林业规划实施评估的重点之一。一些营造林项目在造林决策、造林方式、造林工艺等方面导致的非点源污染、地力衰退、水土流失加剧、生物多样性降低、生态退化等生态环境问题，已经引起了新西兰的高度重视，国家立法（如《资源管理法案》）要求在林业规划实施评估中考虑各项活动对生态环境造成的负面影响。在我国，人们传统印象中的林业规划项目大多是洁净无污染的生态型建设项目，因此林业规划实施评估并没有严格要求对林业建设活动造成的生态环境影响进行评估，一般只评估林业规划实施带来的正面生态效果。为了更加全面、客观地评估林业规划实施的真实效果，我国今后需要借鉴新西兰的做法，用法律的形式明确林业规划实施评估必须考虑对生态环境的影响。同时，公众参与在新西兰林业规划实施评估中也是十分普遍的，相比之下，我国目前林业规划实施评估中的公众参与度相对较低，今后需要借鉴新西兰的成功经验和做法。

（3）指导目标一致性评估

基于一致性的规划实施评估可以定量表示林业规划实施的效果和程度，并反映规划在指导实施过程中的重要性。我国林业规划实施评估经常采用目标一致性评估方法，但大多是采用定性评估方法来判断是否实现了规划目标和完成了规划任务；而新西兰基于一致性的规划实施评估采用广度和深度两种定量指标，使得林业规划实施的评估结果更加真实可靠，更具有可比性。今后，中国在林业规划实施过程中可以借鉴新西兰的理论和方法，加强与各学科的融合，借助经济学、管理学等现代科学，丰富林业规划实施评估的方法，采取定性和定量相结合的方法科学评估规划实施过程和实施效果，提出合理推进规划实施、调整规划内容的科学建议。

（4）加强数据的长期和全面监测

目前，我国的林业规划实施评估主要针对规划期内的目标任务完成情况和相关成效，少有针对中期、远期社会经济影响的评价，忽视了林业规划实施效益连续性的特点。由于林业周期长，林业政策、项目实施过程中和实施后的评估结果不一定相同，长期监测和评价的缺乏，使得评估难有说服力。今后需要借助大数据、物联网、云计算等现代化技术手段，构建天空地一体化监测网络平台，加强长期和全面监测，强化与其他部门或机构、当地居民等的合作，以增加数据源，保持数据的连续性和稳定性，进行多阶段的效果评估。

（5）构建相对统一的评估体系

评估指标选择较主观，缺乏理论依据，尚未形成被广泛接受的系统评估体系，评估结果的权威性受到质疑。构建一个相对统一、操作性强、认同度高、适合我国国情的评估体系是目前林业规划实施评估工作的重中之重。

第 2 章　国内林业规划实施评估现状

林业规划类型多样，而且国内在林业规划实施评估方面的研究和实践多局限于规划实施后的效益或成效评价，可供参考的案例较少。本章仅以林业生态工程规划实施为例，重点分析效益评估现状。

2.1　规划实施评估的指标体系

林业生态工程项目是一个极其复杂的社会系统工程。林业生态工程项目综合效益计量评价指标体系主要由基本指标、分析指标和综合效益指标组成。这些指标既可用于对林业生态工程项目综合效益的计量，也可用于对林业生态工程项目综合效益的评价（余新晓等，2010）。

2.1.1　基本指标

基本指标是指从调查得到的原始数据中直接抽取出来，未经过任何加工处理的指标，基本指标要反映指标的原始面貌，以具体展现项目区社会、经济、资源、环境基本情况。基本指标主要包括项目区人口、劳动力、耕地总面积、粮食总产量、有林地面积、林木蓄积量、森林资源消耗量、财政收支、人均纯收入、普通中学数、小学教师数、医疗机构数、乡镇企业数、乡镇企业产值、工业总产值、社会消费总额等。其中，人口、劳动力等反映了当地的劳动力构成及居民对项目区内自然资源的依赖程度；普通中学数、小学教师数等反映了当地的教育状况并间接反映了居民的综合素质；医疗机构数等反映了当地的医疗状况，也从一个侧面反映了居民的生活生产水平；耕地总面积、粮食总产量等直接反映了当地的农业生产水平；财政收支、人均纯收入等直接反映了当地的财政状况和居民的收入状况；乡镇企业数、乡镇企业产值等从一个侧面反映了当地经济的发展水平；工业总产值、社会消费总额等较为全面地反映了当地的经济状况和发展水平。

2.1.2 分析指标

分析指标是在基本指标的基础上分类整理得到的。资源、环境、经济、社会进步是衡量一个项目执行情况的主要方面，因此将所有的基本指标通过简单的计算，形成资源、环境、经济、社会四类分析指标。为了便于综合分析，在计算过程中，可以采用一些方法对得到的计算结果进行处理，从而消除量纲，使不同单位的指标可以互相计算。

2.1.2.1 资源类指标

设立资源类指标主要是利用有林地比例、森林覆盖率、人均蓄积量等一系列相关指标对各地区的森林资源状况进行分析评价。这类指标主要包括有林地面积占土地面积比例、疏林地面积占有林地面积比例、未成林面积占有林地面积比例、宜林荒山面积占有林地面积比例、森林覆盖率、森林单位面积蓄积量、人均占有有林地面积、人均占有蓄积量、森林消耗量占蓄积量比例等。

2.1.2.2 环境类指标

从环境保护和开发利用的角度出发设立环境类指标，用于分析评价项目对环境利用与保护产生的影响。环境类指标主要包括水土流失减少量、养分流失减少量、增加的林分生长量等。水土流失减少量指通过项目实施减少的水土流失总量。养分流失减少量指通过项目实施减少的养分流失总量。增加的林分生长量指通过项目措施增加的林分生长量。

2.1.2.3 经济类指标

（1）收入指标

收入指标主要包括木材收入、林副产品收入和间种产品收入等。

（2）成本指标

成本指标包括总成本、总投资、农业间作费用、后期管护成本等。

（3）产值指标

产值指标包括总产值、平均产值、主副产品价值等。

2.1.2.4 社会类指标

社会类指标重点评价项目对有关收入、分配、就业及区域性经济发展等方面产生的影响，不少情况下设置了项目对所在地居民收入、生活水平、就业的影响等指标。增加净收入指项目为参与实施的群众所增加的净收入。提供就业指项目实施每年增加的劳动力就业总数。

2.1.3 综合效益指标

2.1.3.1 经济效益指标

经济效益指标包括静态经济效益指标和动态经济效益指标。

（1）静态经济效益指标

税前利润额：项目税前产生的利润总额。

平均利润额：平均每年产生的利润额。

税前投资利润率=税前利润总额/项目总投资额×100%。

（2）动态经济效益指标

动态经济效益指标包括财务类指标和经济类指标两部分。

1）财务类指标。

财务内部收益率（financial internal rate of return，FIRR）：项目在整个计

算期内各年净现金流量现值累计等于零时的折现率，它反映项目所占用资金的盈利率。

财务净现值（financial net present value，FNPV）：按行业的基准收益率或设定的折现率，将项目计算期内各年净现金流量折现到建设初期的现值之和。

现金流量表（cash flow statement，CFS）：反映项目计算期内各年的现金流入和现金流出情况。

2）经济类指标。

经济内部收益率（economic internal rate of return，EIRR）：反映项目对国民经济净贡献的相对指标，是项目在计算期内各年经济净效益的现值累计等于零时的折现率。

经济净现值（economic net present value，ENPV）：反映项目对国民经济净贡献的绝对指标，是用社会折现率将项目计算期内各年的净效益流量折现到建设初期的现值之和。

2.1.3.2 生态效益指标

单位面积减少水土流失量：通过项目实施，单位面积减少的水土流失量（t/hm^2）。

单位面积养分流失减少量：通过项目实施，单位面积减少的有机质（organic matter）、全氮（total nitrogen，TN）、全磷（total phosphorus，TP）、全钾（total potassium，TP），速效氮（available nitrogen，AN）、速效磷（available phosphorus，AP）和速效钾（available potassium，AP）流失量（kg/hm^2）。

单位面积促进林分生长增收：通过项目实施，单位面积促进林分生长增加的收入（元/hm^2）。

单位面积改善环境减损：通过项目实施，林分环境得到改善，单位面积减少的损失（元/hm^2）。

2.1.3.3 社会效益指标

社会效益指标包括对人均纯收入的增加量、项目提供劳动就业人数、项目的收益对群众脱贫致富的贡献率等。

2.2 规划实施评估内容与方法

2.2.1 林业规划实施的前期评估

2.2.1.1 经济评价

林业建设项目具有公益性、综合性、分类经营、建设周期长、受自然影响大等特点，为了提高投资林业建设项目的资金利用率，有必要在林业建设项目的投资前期，尽可能对多种可能的方案进行初步筛选，通过财务分析、经济费用效益分析、费用效果分析和不确定性分析等方法，获得经济上的优选方案（姚敏和张莉莉，2007）。

建设项目经济评价是项目可行性研究的有机组成部分和重要内容，只有通过经济评价才能了解一个建设项目在经济上是否可行，其占用的资金是否充分发挥了效用，避免资金的浪费（郑志文和李晓东，2003）。当前，我国林业行业发展的特点：以生态建设和提供优质生态产品为主，木材产量逐年减少，产业结构正在调整，森林经营、林下经济、生态旅游、自然体验、森林康养、木材精深加工及高附加值、产业链条长的项目是今后林业行业发展的主要方向。为把有限资金投入真正效益好的项目，提高投资和建设项目决策科学性，使产业结构合理、规模适度、效益显著，符合长远发展利益，必须对林业建设项目进行经济评价（郑志文和李晓东，2003）。

2.2.1.2 环境影响评估

生态环境影响评价技术方法以定性分析为主，没有形成严谨的理论体系。林业建设项目环境影响评价更是一个新兴事物，在人们传统的印象中，林业项目大多是洁净无污染的生态型建设项目，是不需要进行环境影响评价的。

但是，一些营造林项目在造林决策、造林方式、造林工艺等方面导致的非点源污染、地力消退、水土流失加重、生物多样性降低、生态退化等生态环境问题，引起了社会各界和国家的关注（雷跃平，2008）。2006 年 4 月国家环境保护总局发布《环境影响评价技术导则　造林工程》（征求意见稿）、2006 年 8 月国家林业局印发《林业建设项目可行性研究报告编制规定》（试行），林业建设项目环境影响评价开始引起林业界的广泛重视，在可行性研究报告编制等项目前期咨询工作中逐步实践、推广开来（雷跃平，2008）。

根据国家林业局《林业建设项目可行性研究报告编制规定》（试行）的要求，林业建设项目可行性研究中环境影响评价程序可简化为环境现状调查→环境影响分析→环境保护措施→环境影响评价。环境现状调查包括项目区位置、自然环境概况、社会经济发展概况等主要特征，区域内主要的环境敏感区和各类保护区及保护现状、对区域环境产生主导作用和显著影响的因素等，以及植被状况、生物群落与生态系统等。环境影响分析应根据林业建设项目的特点，进行工程分析与环境影响因子的筛选与识别，可分工序分阶段进行。营造林项目可分为林地清理、整地、施肥、栽植、浇水（灌溉）、未成林抚育和成林经营等阶段。非营造林项目，如林木种苗项目可分为建设期的建筑物布设，道路铺设，运营期的灌溉、施肥、病虫害防治，以及生活辅助设施的影响；林业有害生物防治项目包括基础设施建设、森防设备、药物的应用，对有益生物的影响等；自然保护区项目包括宣教、科研、管护等建筑工程布设，乔木或灌、草植被恢复。应根据项目各自特点，认真地进行工程分析，分阶段进行环境影响因子的筛选与识别，从中筛选出主要的影响因子并加以分析、预测与评价。环境保护措施主要是针对环境影响分析，为减缓不良的生态环境影响而提出的防护与恢复措施。并应遵循以下原则：凡涉及珍稀濒危物种和敏感地区等生态因子发生不可逆影响时，必须提出可靠的保护措施和方案；凡涉及可能需要保护的生物物种和敏感地区时，必须制定补偿措施加以保护；对于再生周期较长、恢复速度较慢的自然资源损失要制定恢复和补偿措施。环境影响评价主要因子包括地表水、地下水、土壤环境、大气环境、生态影响（即对植物群落、生物多样性、生态系统的影响）；评价要点包括可能的地表水土流失、地下水区域水分平衡问题，可能对土壤结构、理化性质、养分造成的影响，以及对大气质量的影响，如炼山。生态影响是林业建设项目与一般建设项目的重要区别，也是影响评价的核心内容。生态建设可能产生的生态影响包括：①对生物群落和生物多样性的影响，植被类型和结构的变更，动植物生物种类的增加和减少，栖息地类型的增加或减少、栖息地质量的好坏，以及对稀少和濒危物种、特殊栖息地和生态系统的影响；②对植物群落持续性的影响，如营造林项目常因在最初种植时树种选择不当而致使其不能保持植物群落稳定性和生物多样性；③对生态系统功能和完整性的影响，营造林项目常因大规模改变了当地的生态状况，而对当地的生态系统功能产生深远的影响。

2.2.2 林业规划实施的中期评估

2.2.2.1 生态效益评估

古丽努尔·沙布尔哈孜等（2004）以恢复生态学为理论指导，根据局部地区退耕还林现状，以综合性、科学性、可行性、可操作性的原则，建立退耕还林综合生态效益的评价指标体系，体系包括与生态效益、土壤效益、小气候效益和水文效益密切相关的植被覆盖率、生物多样性指数、土壤有机质、土壤盐分、土壤水分、土壤容重、气温、湿度、风速、灌溉量、地下水矿化度 11 项指标。应用层次分析法（analytic hierarchy process，AHP），请教有关专家，构造两两比较判断矩阵，经过一致性检验后计算确定各因子的权重。在此基础上建立综合生态效益评价数学模型。杨建波和王利（2003）用环境效益层析法，从坡耕地退耕还林后的涵养水源、固土保肥、纳碳吐氧、减免灾害和改善生活环境等方面着手，对生态效益的评价方法进行了探讨。高峻等（2006）在评价退耕还林地豆科牧草气候适应性的基础上对比纯林、杂草地，计算林草复合模式对气候资源利用率的影响，主要指标有光能利用率、热量资源利用率、降水利用率、气候资源综合利用率和时间利用效率 5 个指标，旨在为当地退耕还林技术模式的优化选择提供理论依据。梁伟等（2006）对黄土丘陵区的退耕还林工程中具有代表性的乔木、灌木、农田的土壤水分有效性和蓄水能力进行了测定和对比研究，进而评价了退耕还林的土壤改良效应。具体评价指标有土壤有效水、土壤蓄水量、土壤孔隙状况、土壤田间持水量、凋萎系数、有效水含量等。梅再美和熊康宁（2003）以贵州省清镇市为例，通过径流场监测的方法，对喀斯特地区水土流失动态特征及生态效益进行了评价。通过降雨量、径流量以及悬移质、推移质等产沙量、输沙量指标，对土壤侵蚀强度进行了评价，对土壤侵蚀模数的变化进行了比较并得出结论，即在涵养水源方面，试验区还未演替到植被系统的顶级阶段，仍需将生态区的生态恢复与重建工作进行到底。

20 世纪 80 年代开始，国家在生态公益林项目建设上投入了大量经济资源，但是对所投入资源的经济效益评价仍显不足。国内在相关领域的研究现状是森林生态系统经济价值评价研究较为广泛；生态公益林项目评价研究处于缺乏系统研究状态，主要表现在三个方面：一是对生态公益林项目评价的评价体系缺乏研究；二是对生态公益林项目评价的产出计算方法的适用性研究较少；三是对投入生产要素（林地）的经济价值核算缺少研究。

2.2.2.2 绩效评价

（1）绩效评价指标体系

对林业项目的绩效评价，一般是结合林业的特点，制定一套适合林业项目的绩效评价体系。林业项目绩效评价体系建设主要考虑三大问题。一是绩效评价项目的确定。科学选择绩效评价项目需要考虑项目的延续性、季节因素和项目实施单位。二是绩效评价考核方法的选定。绩效评价的考核方法很多，有比较法、因素分析法、公众评价法、成本-效益分析法、生产函数法等。考虑到林业项目见效慢、直接经济效益不明显、以社会效益和生态效益为主的特点，采取比较法、公众评价法、成本-效益分析法、生产函数法等方法将不能全面评价林业项目的绩效。三是绩效评价指标的设计。绩效评价指标的设计是做好绩效评价工作的核心内容。按照“投入—过程—产出—成果”这一逻辑关系，根据相关性、可比性、重要性、可持续发展（或经济性）原则，设计一套科学、完整、可操作性强的林业项目绩效评价指标是做好林业项目绩效评价工作的重中之重。

林业项目绩效评价指标可分为资金指标、项目管理指标和综合效益指标等。资金指标主要包括预算计划执行率、资金到位率、支出实现率。根据国家有关项目管理的规定，结合林业的实际，设计林业项目管理指标时应考虑作业设计管理、政府采购、招标执行情况、合同管理、项目监理制情况和信息档案建设。综合效益指标可以从项目完成情况、生态效益和社会效益等方面进行设计。项目完成情况指标包括造林面积完成率、造林质量合格率、造林成活达标率；生态效益指标可以从保持水土、涵养水源、净化生态环境、促进生物多样性等多方面进行考虑，可以设置林地清理方式、整地方式、树种多样性和树种混交比等指标；社会效益指标包括森林覆盖贡献率、景观效应率和社会就业贡献率。

（2）绩效评价标准和方法

国内外资金绩效评价在实践中比较常用的评价标准主要有行业标准、计划标准（即目标或预算标准）、历史标准及经验标准，指标权重设置方法主要有德尔菲法和层次分析法。

绩效评价的计分方法主要有定性指标计分方法和定量指标计分方法。定量指标计分方法就是评价主体借助一定的计算模型和计算公式，依据评价标准，对定量指标实际数值进行计算处理，得出相关指标的评价分数。这类方法大致可以分为三类：成本-效益分析法、综合评价法和数理统计法（王治和王宗军，2006；陈薇和杨春河，2006）。

2.2.2.3 社会影响评价研究

森林社会效益评价始于 20 世纪 40 年代，并于 70 ~ 80 年代得到迅速发展，美国、德国、日本等在这方面的研究较多。我国对森林社会效益的评价研究始于 70 年代末，李周和徐智（1984）、刘广全和唐德瑞（1997）、周晓峰和蒋敏元（1999）、慕长龙和龚固堂（2000）、张颖（2001）、粟娟和蓝盛芳（2000）、段庆锋和赵天忠（2004）等学者分别进行了案例、专题研究。近年来，国内学者开始注重森林社会效益评价方法的研究，指标评价法、专家意见评估法和综合模型评价法越来越受到国内学者重视。

林业生态工程有利于增加林地面积，改善生态环境，而且工程活动本身及环境条件的改善也对农民生活条件、收入等社会因子产生重要影响。贾长荣等（2009）选用了国民生产总值、粮食产量、农民就业率，温治强（2008）选用了劳动力转移，郭亚军等（2007）选用了生产力变化，支玲等（2004）选用了 GDP 增长率，用于评估农林业规划实施效果。可以看出，几乎每位研究者都采用了就业结构、土地利用结构、农民收入、产业结构等指标。

林业项目社会影响评价研究在 20 世纪 60 年代开始受到林学家、经济学家和社会学家的重视。60 年代末和 70 年代初，联合国粮食及农业组织和世界银行都要求在分析林业项目时考虑社会影响因素。但与其他行业相比，林业在投资项目社会影响评价方面仍存在着一定差距，这是当前和今后专家学者需要研究的一个重要领域。

已有研究存在的主要不足是较少涉及规划的社会影响评价，特别是量化评价研究。还有一些共性的问题。第一，大部分的评价研究还是在生态与经济范畴内进行，单独进行社会影响评价的研究较少。第二，评价指标体系研究滞后，主要表现为评价研究的内容各不相同，评价指标没有统一性。第三，研究方法、技术欠缺，主要表现为逻辑框架分析法、利益群体分析法等社会学方法运用较少，层次分析法、主成分分析法、模糊综合评价法等定量方法运用不足。

2.2.2.4 综合效益评价

定量评价主要基于层次分析原理建立评价指标体系，确定权重，建立评价模型，得出具体评价结果。由于不同学者建立评价指标体系的侧重点不同，指标体系的具体指标也各不相同。杨旭东（2005）首先以蒙特利尔行动纲要指标体系、中国生态林业工程综合效益评价指标体系及国家林业局退耕还林工程效益监测指标体系为基础建立了包括生态效益、经济效益和社会效益的综合评价指标体系。该体系包括总体层指标 1 个，状态层指标 3 个（生态效益、经济效益和社会效益），变量层指标 8 个（水源涵养、水土保持、改良土壤、改良环境、直接经济效益、间接经济效益、可量化的社会效益、潜在的社会效益），以及要素层指标 20 个（森林覆盖率、年径流系数、林地蓄水量、侵蚀面积占区域面积的比例、土壤侵蚀模数、土壤容重、土壤总孔隙、土壤有机质含量、CO_2固定量、O_2释放量、人均纯收入、人均第三产业值、木材产值、儿童入学率、农村就业率、恩格尔系数、林牧业所占比例、对退耕还林的认识程度、游憩价值和干果、鲜果、茶及林副产品收入）。然后采用专家系统确定各指标权重，最后得出综合效益的得分。孙德祥等（2003）以宁夏盐池为例讨论了半荒漠区沙漠化土地综合治理生态工程建设的资源效益、经济效益、生态环境效益和社会效益，在此分析的基础上应用综合评价方法，对生态工程的这 4 种效益的 12 个指标（工程林草生物量、万元产值林草生物量消耗、人均占有工程林草量、工程林草面积、O_2释放量、立枯凋谢物还田、工程净收益、产投比、工程资源产值、农民人均纯收入、人口自然增长率、农村社会总产值）及综合效益进行了定量化的综合评价，并建立了灰色系统模型。

2.2.3 林业规划实施的后期评估

2.2.3.1 林业工程项目后评估的内容和方法

（1）主要内容

林业重点工程项目后评估的内容应当更全面，包括经济、环境、社会、可持续性及机构发展等方面。

1）工程项目目标评估。

林业工程分别有其近期目标和长远的战略目标，因此，进行目标评估就是评定工程项目立项时原来预定目标的实现程度，要对照原定目标完成的主要指标，检查工程项目实现情况和变化，分析发生改变的原因，以判断目标的实现程度，同时还要对原定决策目标的正确性、合理性进行分析。

2）工程项目实施过程评估。

林业工程周期长、范围广、难度大，对其建设过程进行跟踪评估十分必要。工程项目实施过程评估是对照工程立项评估和可行性研究报告所预计的情况和实际执行过程进行对比和分析，找出差别。一般要分析工程项目的立项、准备和评估情况，要分析项目内容和建设规模、工程进度和具体实施情况、配套设施和服务条件、受益范围及其反应、财务执行情况等。

3）工程项目影响评估。

工程项目影响评估主要包括三个方面：一是经济影响评估，分析评价该工程对社会经济的贡献，涉及就业、分配、技术进步、地区经济发展、行业发展、国民经济发展（改善结构、提高效益）；二是环境影响评估，主要评估自然资源利用情况和生态环境保护情况，涉及国土开发利用、能源节约、自然资源综合利用、对自然景观的影响、环境污染的控制、地区环境质量提高情况、区域生态平衡和环境管理；三是社会影响评估，主要评估该工程对社区、地区及整个国家的影响，涉及人口控制、居民收入、社区居住条件、基础设施、教育、群众参与程度问题，以及社会公平问题、妇女问题、贫困问题等。

4）工程项目持续性评估。

工程项目持续性评估要分析评价环境功能的持续性、经济增长的持续性和工程效果的持续性。重点评估在项目建设资金投入完成之后，项目既定目标是否还能继续，项目是否可以持续发展、是否具有可重复性。

5）工程项目机构发展评估。

工程项目机构发展评估即对工程项目进行机构分析，评价项目管理机构设置情况和管理机制是否健全。应对现有机构进行分析，评价其目的、特点、组织结构、体制与程序、激励机制、现有资源和技术，以及协调性等。

(2) 评价方法

项目后评估包括对工程项目已经发生的事实的总结，以及对项目未来发展的预测。因此，项目后评估的总结和预测是以现代统计学原理和预测学原理为基础的。统计学原理和方法完全可以用在工程项目后评估的实践中，这是后评估方法论原则之一。在进行项目预测时，要借助惯性原则（即考虑事物发展的连续性）、类推原则（即许多事物的发展变化具有相似性）、相关原则（即任何事物的发展都不是孤立的）、概率推断原则（即预测推断结果以较大概率为成立）。林业既是国民经济的组成部分，又是生态建设的主体，并且是集第一、第二、第三产业于一体的社会公益事业，具有经济、社会、生态三大效益，因此，在对林业重点工程项目进行评价时，要考虑林业的特点，要定性评价与定量评价相结合，可以采取有无对比法、逻辑框架法、效益评价法等一种或多种评价方法。

2.2.3.2 重视社会影响评价

林业重点工程关系国家经济与社会发展，社会影响评价有助于促进社会进步、实现社会发展目标。利用社会影响评价促使项目与社会需要相适应，可避免社会风险，提高项目的效益水平和持续性。在项目评价中重视人的因素，重视人的发展，有助于全面评价项目，提高决策水平。

第3章 林业规划实施评估系统与环境

3.1 林业规划实施评估系统

3.1.1 规划实施评估系统概述

系统论认为系统是相互联系相互作用的诸元素的综合体（Bertalanffy，1968）。根据一般系统论，规划实施评估系统是由评估主体、评估客体、评估标准、评估方法等诸多评估要素构成的有机整体，它与评估环境之间持续进行着物质、能量与信息的交换，从而使整个评估系统呈现出动态、开放的特征。简单而言，它是一系列相互联系的评估活动的集合。

一般认为，作为一种特殊的人类活动，规划实施评估总是伴随着规划的出现而产生的。虽然早已有不同程度的规划实施评估的实践，但科学化、系统化的规划实施评估却是现代社会的产物。规划实施评估系统与一般系统具有共同的特征。作为一个整体的规划实施评估系统是以评估主体、评估客体等要素及其与评估环境的相互作用为基础的，当这些要素独立存在时，并不具备评估系统的任何特性，而一旦这些要素按照特定方式与规律组合，就形成了新的结构、层次和作用方式，从而就具有了各个要素简单相加所不具有的新功能。评估系统的性质一般是由要素决定的，有什么样的要素，就有什么样的系统，但规划实施评估系统又具有各要素所没有的新功能。在一个动态结构的评估系统中，结构的好坏优劣直接由评估主体、评估客体、评估环境等要素的协调作用体现出来，优质的评估要素如果协调得不好，形成的结构可能就不是最优的；而一些质量较差的评估要素，如果协调得当，则可能形成优质结构，进而构成质量较优的评估系统。因此，在评估过程中，需要认真处理好各评估要素之间、要素与系统之间的关系。

规划实施评估系统与环境之间也存在密切的关系和联系。每个系统都是在一定的环境中存在和发展的，它与环境之间持续发展着物质、能量和信息的交换，交换的产物就是规划实施评估系统的产出，即评估结果。当评估环境的性质与特点发生变化时，规划实施评估系统的性质与功能也相应地发生变化；反之，规划实施评估系统功能的发挥，也可能引起评估环境的变化。两者相互作用的结果，既可能使系统改变或丧失原有的功能，也可能引起评估环境的改变。因此，开展规划实施评估活动要注意处理好评估系统与环境之间的关系。

总而言之，规划实施评估系统的各要素之间，要素与系统之间，系统与环境之间，都存在一定的有机联系，从而在规划实施评估系统内外形成特定的结构、秩序和规律。揭示和运用这些结构、秩序和规律是规划实施评估理论与方法研究中的一个重要任务。

3.1.2 规划实施评估系统的构成

规划实施评估系统由评估主体或评估者、评估客体或评估对象、评估目的、评估标准、评估方法五大要素构成，它们相互依存、相互作用，共同构成了一个完整的规划实施评估系统。简单来说，可以简单归纳为什么人出于何种目的根据何种标准采用什么样的方法对什么正常进行评估（张金马，1992）。

3.1.2.1 规划实施评估主体

规划实施评估主体或评估者是指那些从事规划实施评估的组织（机构）或者个人。在规划实施评估系统中，规划实施评估主体处于中心地位，发挥着核心作用。评估主体本身的属性，如评估理念、评估态度、评估经验、职业伦理、能力水平等对整个评估过程或评估活动产生举足轻重的影响，因而是整个评估系统输出的关键性变量。在启动规划实施评估项目之前，应当审慎选择合格的评估者或评估主体。

3.1.2.2 规划实施评估客体

规划实施评估客体或评估对象是规划实施评估系统的基本构成要素之一。简单来讲，规划实施评估的客体就是规划的实施，可以理解为，规划实施评估就是通过一定的评估方法专门针对某个时候某个规划的实施进行评估的过程。

3.1.2.3 规划实施评估标准

规划实施评估标准也是规划实施评估系统的构成要素之一。评估标准实际是一种价值判断，要进行价值判断，就必须建立评估标准。对于相同规划，如果评估标准不同，那么得出的评估结论可能也不一样，甚至还可能完全不同。因此，合理选择评估标准对整个评估活动的成败具有重要影响。规划实施评估的使命不仅仅是合理确定评估标准，还应包括将这种标准通过一定形式转化为可观察、可测量、可操作的指标。

3.1.2.4 规划实施评估方法

规划实施评估方法是评估主体在规划实施评估中采用的各种方法、手段和技术。评估方法对于规划实施评估具有非常重要的意义，从某种意义上讲，规划实施评估的质量主要取决于选择的评估方法，当然评估方法也是在不断地改进，这也是规划实施评估迈向科学化的重要进程。目前，规划实施评估方法的研究已经成为规划评估领域最富创新的课题。

总体而言，评估者是评估的主体，评估对象是评估的客体，评估标准是评估的依据，而评估方法是评估赖以实现的手段。它们相辅相成，共同构成了一个完整的规划实施评估系统。一项具体的规划实施评估就是由这些要素有机组合而开展的活动。

3.1.3 林业规划实施评估系统的一般性与特殊性

林业规划实施评估系统与其他评估系统一样都具有系统的共性，均由评估主体、评估客体、评估标准和评估方法等要素构成，要素之间在系统运行中都发生着相互关系。

林业规划实施评估系统的特殊性体现在其评估对象上，该系统针对性较强，是专门针对林业规划实施过程而进行评估的系统。它不是其他行业的评估系统，而是林业行业内的评估；不是资产评估，而是规划评估；不是绩效评估，而是过程评估；不是规划方案评估，而是规划实施评估。林业规划一般具有长远的指导作用和意义，其实施往往具有一定的时间跨度。林业规划实施评估系统通常由规划实施的中期评估和后期评估组成，因此，林业规划实施评估系统还具有阶段性特征。林业规划实施评估系统还有一些重要的和标志性的特点：①林业的生态属性在评估系统中占重要位置，这使得原本属于社会经济范畴的规划和评估同时要面对诸如可持续发展、生物多样性及环保等多种生态概念（Miller and Patassini，2005）；②林业的民生属性或社会公平在评估系统中的重要体现，这涉及规划实施效应的分布，也往往是一般评估系统所忽略的一个问题。公正问题表达了利益主体与规划之间的关系，规划评估不仅要对规划本身的效果进行衡量，也要对这些效果的社会公平性进行衡量（汪军和陈曦，2011）。可以说林业规划实施评估系统综合了个人或社会福利和生态环境的考量，从而进一步使得其评估的目标、具体方法和技术有异于其他一般的评估系统。

3.2 林业规划实施评估主体

3.2.1 林业规划实施评估主体的类型

林业规划实施评估主体或评估者是指那些对林业规划实施开展评估的组

织（机构）或者个人，在林业规划实施评估过程中，处于主导地位，发挥着核心作用，对整个评估过程和各个评估活动产生举足轻重的影响。那么在实际操作过程中，哪些组织（机构）或个人在开展林业规划实施评估活动？

事实上，评估主体或评估者这个一般性标签掩盖了该领域的异质性、多样性和无组织性（彼得·罗西等，2002）。在实际生活和工作中，任何个人，包括日常的议论者、职业的评估人员和政府公务人员等都可以正式或非正式地评估林业规划的实施，他们都属于林业规划实施评估的主体范畴。因此，从类型学上区分各类评估主体，识别其主要特性，对科学开展林业规划实施评估具有重要意义。

根据不同的标准或者从不同的角度可以对评估主体或评估者进行各种各样的分类。例如，根据组织化程度，可区分正式的和非正式的林业规划实施评估主体；根据与政府的关系，可以区分出官方的、半官方的和非官方的林业规划实施评估主体。在实践中，一般根据评估主体是否来自林业规划的决策和实施机构，林业规划实施评估主体分为两种：①自我评估主体或内部评估主体；②第三方评估主体，又称外部评估者或社会中介评估组织。

3.2.1.1　自我评估主体

自我评估主体由林业规划决策和实施部门内部的人员或机构组成，通常被称为“局内人”。按照评估者所属机构在林业规划活动中所处的位置，通常可以划分为林业规划制定部门的评估者、林业规划执行部门的评估者、林业规划监督部门的评估者、绩效考核部门的评估者这几种类型。

自我评估主体有其优势：①自我评估主体处于林业规划活动的关键位置，对林业规划决策和实施过程有着更为详细和透彻的信息。有效的内部评估能够为管理者提供必不可少的支持（Vedung，1997），因此在持续性的长期方案评估中可能更具有优势（Caro，1971）。②自我评估主体比较容易获得有关林业规划效果、规划决策和实施过程的一手资料，使规划实施评估结论更加接近真实，可靠性更高。③自我评估主体具有不断进行规划实施监督与评估活动的制度基础，有机会直接影响林业规划的实施，对林业规划决策与实施的管理部门有着比较深刻的直接感受，他们的评估结果和政策建议容易对有关管理部门产生影响，并可能被直接采纳。

自我评估主体也存在一定不足。要求自我评估主体对自己的规划行为和结果进行系统的、科学的且客观的评价并不容易，原因如下：①林业战略与规划的决策部门通常是国家林业上层行政机构，作为这些机构一员的自我评估主体需要与整个部门保持一致的步调。因为这些行政系统强调的是自上而下的行政命令与服从，要求自我评估主体超越相关部门利益并不容易，可以认为，自我评估有“既是运动员也是裁判员”之意。②自我评估主体很难摆脱其所在部门固有价值观念，以及其评估价值取向的影响。在开展评估活动过程中，自我评估主体很容易产生先入为主的思想，这也使得评估结果可能片面化，并带有部门意志和主观主义色彩。③林业规划实施评估是一项复杂而精细的工作，也是一项知识技术含量较高的科学工作，科学系统的林业规划实施评估要求评估主体系统地掌握相关的理论知识，熟悉某些专门的方法和技术。自我评估主体即使超越了其所在部门的利益和意志，也不一定完全具备从事科学系统评估的专业知识和技能，因而其评估结论的质量和科学性容易受到质疑。

3.2.1.2 第三方评估主体

第三方评估主体由林业规划决策与实施机构之外的组织或个人组成，也可称为“局外人”。第三方评估主体能够超越林业规划决策实施相关行政部门的意志和利益，不带偏见、比较客观地对林业规划实施进行评估，并能有效地克服自我评估主体的不足。但是由于是“局外人”，第三方评估主体要取得评估所需的各种关键信息和资料往往比较困难，即使评估结论相对可靠，评估所提的政策建议也不一定能直接受到有关部门的重视。威尔逊的第二条法则甚至指出，如果研究是由独立的第三方主持，尤其是那些对政策持怀疑态度的人主持时，那么结论就是，对社会问题的政策干预不会产生预期效果（托马斯·戴伊，2008）。

3.2.1.3 内外结合的评估主体

3.2.1.1 和 3.2.1.2 节是从理论层面上对自我评估主体与独立的第三方评估主体进行优劣分析。但也有观点认为，影响政策评估的关键性变量并不是内部评估者与外部评估者之间两者选其一的选择问题，评估制度可能是更为重要的变量（贠杰和杨诚虎，2006）。当然，要真正实现林业规划实施评估的科学性、客观性和公正性，最好能将自我评估主体与第三方评估主体互相结合起来，或通过多方利益相关者的参与，形成公正客观的评估结果，以实现林业规划实施评估主体的多样化、代表性和参与性。

3.2.2 林业规划实施评估主体的知识、技能与职业素养要求

评估主体是林业规划实施评估系统的核心要素，在评估过程中发挥着主导作用，因此从事林业规划实施评估的主体要具有一定的相关知识、技能和职业素养。

3.2.2.1 林业规划实施评估主体的知识要求

林业规划实施评估的实践活动涉及社会与自然多个学科领域，因而多个学科领域的知识和方法在林业规划实施评估中得到最大程度的体现。林业规划实施评估的跨学科性决定了其评估主体的知识结构应该是高度复合型的。评估主体的知识结构包括评估组织的知识结构，以及评估者个体的知识结构。前者是指评估组织成员所共同拥有的知识存量中不同知识的比例和不同的结构特点。后者是指评估者个人具备的知识存量中各方面知识的比例与结构特征。

在实践中，林业规划实施评估主体中个人的知识体系通常可以分为两大类：①需要熟悉的公共知识或一般知识；②需要熟练掌握的专业知识或专门知识。需要熟悉的公共知识表示知识面具有一定的广度，不要求具有一定的深度。而需要熟练掌握的知识，其特点就是知识面较窄，但具有一定的深度。

表 3-1 列出了林业规划实施评估主体应具备的公共知识和专业知识。

表 3-1 林业规划实施评估主体的知识要求

知识类别	具体知识
公共知识	林学、生态学、森林培育学、森林经理学、森林保护学等林业科学，基础社会学、经济学原理、林业经济学等社会科学，以及公共政策学、管理学、行政管理等管理科学
专业知识	评估科学、系统科学、统计学、统计分析方法、农村调查方法、参与式评估方法等

现实当中，林业规划实施评估者个体只可能掌握其中主要的知识，各自具有自己的知识专长，并且掌握的程度不尽相同。因此，林业规划实施评估者需要通过学习，不断拓展知识面，深化专业知识；同时还要善于借助其他专家的知识。以上往往要求林业规划实施评估者具有良好的团队精神或合作意识。

3.2.2.2 林业规划实施评估主体的技能要求

林业规划实施评估主体需要掌握的基本技能就是将其所拥有的广泛知识和精深专业知识与林业规划实施具体问题进行有机结合，达到林业规划实施评估的科学性与艺术性的结合。

卡尔·帕顿和大卫·萨维奇（2002）结合政策评估的实际，提出了快速政策评估的 12 项策略或技能：①确定评估的重点；②尽可能早地参加评估；③确定要形成的数据内容；④确定哪些变化要进行衡量；⑤确定要评估和介入哪些政策活动；⑥使用多种衡量方法；⑦设计评估以反映计划的修改；⑧提供进行中的评估和最终评估的评估设计；⑨让规划人参与评估；⑩认识评估中的政治；⑪使基本发现具有可行性；⑫清楚明确的报告。这些技能通常属于 Polanyi（1966）提出的隐性知识（tacit knowledge）——那些不能言传，但在行动中又起到作用的知识，是不能以正规形式进行传递且无法进行批判性反思的知识。因此隐性知识通常是难以把握的，是要在实践中不断领会才可获得的技能。可以这么认为，掌握相关评估技能的评估专家犹如工厂中的“熟练工”。

结合林业规划实施评估的实际，评估主体应具有以下基本技能：①把握林业规划全局思想；②确定规划实施评估的重点；③设计规划实施评估方案；④良好的沟通与合作能力；⑤让相关人员积极配合；⑥让规划人等关键利益相关者参与规划实施评估；⑦发现问题；⑧形成清晰明确的规划实施评估报告。

3.2.3 林业规划实施评估主体的职业素养

林业规划实施评估主体应该具有两方面的职业素养：一个是科学素养；另一个是学术素养或道德。

国际上普遍将科学素养概括为三个组成部分：①对科学知识达到基本的了解程度；②对科学的研究过程和方法达到基本的了解程度；③对科学技术对社会和个人所产生的影响达到基本的了解程度。目前，各国在测度本国公众科学素养时普遍采用这个标准。只有达到上述三个方面要求才算具备基本科学素养的公众。林业规划实施评估的主体应该具备如下基本科学素养：①对林业等领域的基本科学问题要基本的了解；②对林业规划实施评估过程和方法也要有所了解；③对林业规划实施评估的社会、经济和生态作用和意义要有所了解。

学术素养是指学术研究者在研究过程中应具备的素质和修养，它是研究者高尚学术品德的体现。它除了强调基本科学素养外，还重点强调追求真理的基本价值观。作为林业规划实施的评估主体，评估实践者应本着负责任的态度，不弄虚作假，追求林业规划实施评估的科学性、数据或资料真实性和可靠性，反映实际的客观问题。

林业规划实施评估主体的以上职业素养的高低直接关系林业规划实施评估结果质量的良莠，会对评估委托者或后续决策可能产生错误的导向，进而影响社会公共利益的实现。因此，林业规划实施评估主体需要养成良好的职业素养，通过实践履行自己的公共责任和职业理想。

3.3 林业规划实施评估客体

林业规划实施评估客体是相对于评估主体而言的，没有林业规划实施评估客体就无所谓评估主体，也就不存在林业规划实施评估系统。一般意义上，林业规划实施评估客体就是林业规划的实施。把握林业规划实施自身的特性及其发展规律，以及与评估主体、评估环境之间的互动关系，是做好林业规划实施评估工作的基本前提之一。

3.3.1 林业规划实施评估客体的内涵与分类

3.3.1.1 林业规划实施评估客体的内涵与特征

林业规划实施评估客体或对象就是林业规划的实施，具有如下内涵：①林业规划实际上是公共政策的一种表达方式，公共政策是公共权力机关经由政治过程所选择和制定的为解决公共问题、达成公共目标、实现公共利益的方案。林业规划实际上是林业公共管理类部门为了解决林业发展的共同问题而形成的一项解决方案，而这种问题通常是宏观上共同面临的。②林业规划的实施涉及多个利益相关者，包括林业管理部门、土地利用者、农村社区等，在林业规划实施面前，他们都具有不同的利益偏好。③林业规划的实施实际是资源的再分配过程，是对林业高度的宏观统筹与干预。

林业规划的实施还具有与其他公共政策不同的特征，这些特征是林业规划实施的特殊性所在。这些特征具体如下：①林业规划实施的长期性。林业规划实施一般以中长期为主，具有长远的指导意义和作用，中期林业规划一般开展一次评估，即终期评估；长期林业规划通常开展两次评估，即中期评估和终期评估。②林业规划实施的目标多样性。目标多样性主要表现为同时涵盖生态、经济和社会目标。③林业规划的实施具有一定的广度。通常林业规划实施的内容成体系，涉及林业各个方面。④林业规划实施效应的时滞性。

林业规划实施并非立竿见影，往往需要一定的时间才能体现效果，尤其是生态效果。

以上林业规划实施评估客体的内涵和特征意味着在林业规划实施评估过程中需要把握全局思想，识别林业规划实施的利益相关者，尽可能让其参与评估，提供具有前瞻性的评估结果，为后期的修正或后续政策提供科学依据。

3.3.1.2 林业规划实施评估客体的分类

根据林业规划实施的时间，评估客体可以分为林业规划实施中期和林业规划实施终期。林业规划实施中期的评估是在规划实施一半左右进行的评估，主要目的是评估规划目标与任务的落实情况、评估规划内容在实施过程中有无重大变更及其对整体效益的影响、诊断规划在实施过程中遇到的重大困难并寻求对策方案，以便对原有规划进行适当调整和修订。林业规划实施终期的评估是指规划实施结束后一段时间内，对规划的执行过程、落实情况、效果、影响等进行评估。主要目的是全面总结规划取得的成效、经验和存在的问题，为完善今后的规划编制等提供科学决策服务。可见两者的具体评估内容不尽相同（表3-2）。

表3-2 林业规划实施中期评估与终期评估的大概内容

评估客体	评估内容
林业规划实施中期	规划目标特别是约束性指标的完成进展情况； 规划确定的主要任务的完成情况； 规划确定的重大建设项目的进展情况及绩效评价； 规划提出的相关政策措施的贯彻落实情况； 预测评估规划主要目标任务的最终落实情况； 规划与发展形势适应程度与偏差评估； 研究提出规划需要调整修订的内容和依据； 进一步推动规划实施、完善规划体系的意见和建议

续表

评估客体	评估内容
林业规划实施终期	规划目标特别是约束性指标的完成情况； 规划确定的主要任务的完成情况； 规划确定的重大建设项目的完成情况； 资金使用效率情况； 保障措施落实情况； 规划经济效益与成本； 规划的环境影响； 规划的社会影响； 规划与发展形势适应程度与偏差评估； 总结分析经验与不足； 提出下一阶段编制规划的意见和建议

一般地，根据林业规划实施的广度，评估客体可以分为三大类：林业总体规划、林业专项规划和林业区域规划。林业总体规划是指根据国家社会经济可持续发展的要求和林业行业特点，在有关自然、经济和技术条件的基础上，就林业未来一定时期内在空间上、时间上所做的总体安排和布局。林业专项规划是指以林业发展的特定领域为对象编制的规划，是林业总体规划在特定领域的细化，也是林业主管部门指导该领域发展，以及审批、核准重大项目，安排政府投资和财政支出预算，制定特定领域相关政策的依据。它是针对林业发展的重点领域和薄弱环节、关系全局的重大问题而编制的规划，是林业总体规划的若干主要方面、重点领域的展开、深化和具体化，必须符合林业总体规划的总体要求，并与林业总体规划相衔接。林业区域规划是指立足某一特定区域发展实际，研究区域林业资源要素配置与特色资源开发利用，林业产业体系构建与重点产业发展，建设布局与空间结构优化调整，区域转型发展与体制机制创新，区域统筹与跨区域分工合作，人口与生态环境、经济与社会协调可持续发展的综合性规划，是部署区域定位、战略思路、发展目标、重点任务和推进各项工作顺利开展的行动指南。具体分类见表 3-3。

表 3-3 林业规划类型划分

林业规划类型	具体规划名称
林业总体规划	《林业发展“十三五”规划》
林业专项规划	《全国林业有害生物防治建设规划（2011—2020 年）》 《全国林木种苗发展规划（2011—2012 年）》 《全国沿海防护林体系建设工程规划（2016—2025 年）》 《岩溶地区石漠化综合治理林业专项规划（2006—2015 年）》 林区道路工程建设规划 林业信息化建设规划等
林业区域规划	《广西林业发展“十三五”规划》 《广东省林业发展“十三五”规划》 《山西省实施生态兴省战略林业总体规划》等

3.3.2 林业规划实施评估客体的可评估性分析

林业规划实施评估客体的重点在规划实施，因此林业规划实施评估一般涉及中期实施评估和终期实施评估。以往传统的规划评估通常忽略针对实施过程的评估，这将带来两方面问题：①对规划本身科学性的评判将可能有失偏颇，因为对规划编制完成后社会认同度高低、规划实施环境形成及相关配套政策跟进等方面进行预判，是制定规划的前提，是否尊重与充分考虑后续实施环境将是对规划科学性判断的重要方面，忽略了规划实施环境的研究将严重影响规划的科学性和可操作性；②对规划实施绩效的成因评估将可能有失客观，因为规划内容本身科学性及规划实施环境两方面都将影响规划实施，而两者又相互关联，需要在评估中审慎辨析问题的根源（施源和周丽亚，2008）。

从一般意义上讲，如果政策本身没有发生问题，政策尚未出现明显的变动情况，或者社会各界对正常目标的认识冲突较大，评估费用和人员不足时，评估都不宜贸然开展（Weiss，1972）。尽管这有一定的道理，但同样作为一项公共政策的实施，林业规划实施的评估应根据评估工作的需要，遵循有效性、必要性与可行性相结合的原则来确定可评估性，即要求林业规划实施评估的客体是可评估的。具体来说评估前应重点考虑以下几点：①应需求评估。如果社会各界普遍对某一林业规划实施提出评估要求，不论是积极还是消极目的，都说明了一种需要和关注，同时也表示该林业规划实施具备评估分析的必要性。②规定评估项目。如果政策规定某林业规划实施应该进行评估，那么就将其确定为评估项目。③选择有相关人员支持的评估，主要是林业规划决策者和实施者的支持和配合。④选择有经费资助的评估。社会经费一方面可以充实评估费用，另一方面也说明了社会的需求和关注。⑤长期规划的阶段性评估。对于长期的林业规划实施过程，可以通过阶段性评估，如中期和终期评估，对效能、效率、过程、综合影响，以及阶段目标的实现情况进行衡量和评判，从而把握林业规划实施全局。因此，对于长期的林业规划实施，还应根据规划的阶段性要求确定可评估性。

3.4 林业规划实施评估环境

从社会生态学的意义上讲，林业规划实施评估系统是需要在一定的评估环境中运行，需要与环境之间进行物质、信息和能量的交换与互动。离开评估活动依赖的环境就不可能对林业规划实施评估进行深入细致的分析和研究。而且，评估环境是林业规划实施评估系统运行的外部条件，影响着林业规划实施评估系统的运行过程和产出。彼得·罗西等（2002）指出，为了能够顺利完成一项政策评估工作，评估主体需要不断地对外部环境和他们的工作环境进行社会生态学评估。可见林业规划实施评估环境对林业规划实施工作的重要性。

3.4.1 林业规划实施评估环境的概念与特征

根据一般系统论的观点，林业规划实施评估环境是指林业规划实施评估系统以外的所有事物或因素的总称，它们之间既可以明确分界，又可以相互渗透。广义的评估环境涉及的因素众多，对林业规划实施评估系统产生着或大或小、直接或间接、明显或不明显的作用和影响，它们的存在和相互作用从根本上规定了林业规划实施评估系统的特性和功能。

一般而言，社会经济环境和工作环境对林业规划实施评估系统的影响较为直接和重要，当然还涉及一些自然环境和国际环境等，但影响相对较小。其中，社会经济环境又称为一般环境，工作环境又称为具体环境，二者影响更为直接。但这些环境都基本具有以下特征：①多样性。林业规划实施评估环境涉及社会、经济、政治或政策，甚至自然等多个方面，它们又相互联系，形成复杂多样性的特点。②差异性。林业规划实施评估环境的多样性决定了其差异性，如影响的渠道不同、作用的大小不一。另外，不同国家、不同民族或不同文化背景下的评估环境也具有巨大差异。③动态性。长期来看，林业规划实施评估的外部环境处于不断变化之中，尤其是社会经济环境，社会经济发展很快；另外相关政策也可能处于变动过程中，外部环境和相关政策都对林业规划实施评估具有一定的影响。

林业规划实施评估环境的这些特征要求评估主体意识到林业规划实施评估不仅仅是技术性工作，更是一项社会活动过程。林业规划实施评估主体要注意发展适合本国评估环境的本土化评估理论和方法，并且要关注评估环境动态。

3.4.2 林业规划实施评估的社会经济环境

林业规划实施评估的社会经济环境是指开展林业规划实施评估活动的宏观社会经济基础或背景，主要涉及社会上的需求和经济上的允许两个基本方面。一方面，随着我国经济的发展，人们生活水平的不断提高，社会对林业需求愈加旺盛，而且不同的社会主体呈现出对林业需求的多样化，这就对林业各类规划的编制和实施提出了挑战。开展林业规划实施评估作为一种社会监督和检验，评估主体本着负责任的态度，响应了社会公众对林业的总体需求。另一方面，我国经济的快速发展，除了社会公众更加关注林业外，更为关键的是使我国具有了一定资金积累，足够的经费预算能有力支持林业规划实施评估项目的开展和研究。反之，一方面，倘若社会更关心的是其温饱问题，那么社会公众更需要的是农业或粮食发展规划的评估，而不是林业规划实施的评估；另一方面，假如一个国家负债率较高，在财政支出方面支持林业规划实施评估的可能性就会较小。因此，一国的社会经济背景或基础是林业规划实施评估最基本的影响因素。开展林业规划实施评估前，应先考虑国家宏观社会经济环境，主要是社会需求和经济可行性情况，否则评估的社会意义和作用不大；又或缺乏支持导致评估不够深入，甚至半途而废，得到无效的林业规划实施评估结果。

3.4.3 林业规划实施评估的政策环境

林业规划实施评估的政策环境是指开展林业规划实施评估活动的政策背景和支撑。就我国而言，林业总体规划、专项规划和区域规划，如国家林业发展战略规划、林业中长期发展计划、全国性或者全局性及跨省（自治区、直辖市）或者跨流域林业发展规划、林业产业政策、林业专业性规划，以及其他综合性林业规划，是我国实施现代林业发展战略的基础和前提，也是完成各项目标任务的重要依据，规划能否得到有效执行事关林业建设和事业发展全局。《国务院关于加强国民经济和社会发展规划编制工作的若干意见》（国发〔2005〕33 号）明确规定，规划编制部门要在规划实施过程中适时组织开展对规划实施情况的评估，及时发现问题，认真分析产生问题的原因，提出有针对性的对策建议。评估工作可以由编制部门自行承担，也可以委托其他机构进行评估。评估结果要形成报告，作为修订规划的重要依据。有关地区和部门也要密切跟踪分析规划实施情况，及时向规划编制部门反馈意见。同时要求适时对规划进行调整和修订。《国家级专项规划管理暂行办法》规定，国家级专项规划实施过程中，编制部门要加强跟踪监测，应适时对实施情况进行评估，并向审批机关提交评估报告。国家级专项规划经评估或者因其他原因需要进行修订的，编制部门应将修订后的规划报原审批机关批准。规划期十年及以上的，应进行定期滚动修订。

第4章　林业规划方案和执行系统评估

4.1　林业规划方案评估

规划方案评估是林业规划评估的首要环节。规划方案是指为实现一定的规划目标或为解决特定的规划问题，而在规划内容和规划形式方面作出的具体规定，它是由规划主体、规划客体、规划目标、规划原则、规划程序、规划方法和规划措施等要素组成的文本形式，是规划内容和规划形式的直接体现。因此，规划方案是林业规划制定和林业规划执行的核心，其科学性、有效性和可行性直接影响林业规划的实施效果。

4.1.1　规划方案评估的基本内容

规划方案的优劣是影响规划制定和规划执行的关键因素，所以通过各种途径提高规划方案的质量就是一种必然的选择和要求。但是，受各种主、客观因素的影响，在规划制定环节，规划方案并不一定是完善的，特别是在具有多个备选方案的情况下更是如此，因此有必要按照一定的原则和方法对其进行全面的评估。

许多规划之所以不能达到预期效果，执行中困难重重，在很大程度上与规划方案本身的缺陷有关。规划方案的理想程度主要决定于三方面基本因素，即规划方案的科学性、有效性和可行性。其中，规划方案的科学性是规划有效执行的根本前提。科学的林业规划应符合社会发展的客观规律，能够促进社会发展，能被执行者认同、被规划对象拥护，才能得到有效的执行。如果是相反的情况，规划执行则必然会在规划执行者、规划对象的消极应付和抵制中被搁置。所以，规划方案的科学性、有效性和可行性是决定规划有效执行的基本因素。但是，理想的规划方案仅仅具有科学性并不足够，还必须符合具体、可操作的要求。如果一项规划方案非常正确，但是内容却规定得含糊不清或不可操作，那么该项规划执行起来难度也会比较大。所以，明确、具体的规划方案是规划能否有效执行的关键所在，是对规划执行进行评估和控制的基本条件。总之，从操作上和技术上讲，一项能够顺利执行的规划方案，必须在规划目标、计划、规划程序和规划措施等方面有明确、具体的规定。同时，规划方案不仅要具体、明确，还应具有可操作性，即规划目标应该切合实际并经过努力是可以达到的，是可以进行比较和衡量的，规划目标的完成必须是法律规定的属于规划执行者职权范围内的事，而且具有明确、具体的期限要求。这些都构成了规划方案评估的基本内容。

在规划方案的形成阶段或初期评估阶段，可以暂时忽略方案细节的考虑，以减少对创造性思维的束缚。但这时得到的只是一个方案的雏形，还未构成一个完整的方案。因此，要形成具有实用价值的具体方案，还需要进行精心的细节设计，需要理性的分析、科学审慎的设计、严格的论证和反复细致的推敲。规划方案的细节设计，就是按照所构想的方案轮廓将规划方案具体化，确定实现规划目标的各种具体途径、措施和手段，如明确规定规划的界限和相关机构的设置、人员配备和物资经费的保证等。当然，在规划评估实践中，不可能对轮廓构想阶段产生的所有规划方案都进行细节设计。常用的方法是，首先，对规划方案进行初步筛选，淘汰那些明显不符合实际的规划方案；然后，只对剩下的有限方案进行细节设计。而在规划中期实施阶段，要对规划方案进行中期评估，这时主要评估规划目标是否科学合理，规划程序和措施是否正确完备、是否具有可操作性，以及规划方案与发展形势适应程度与偏差；在规划终期实施阶段，要对规划方案进行终期评估，这时主要评估规划目标和任务能否完成，规划方案与发展形势适应程度及偏差。

4.1.2 规划方案评估的评价指标体系

4.1.2.1 规划方案内容评估

对规划方案的科学性和有效性展开评估，首先要明确规划方案的内容与边界，在整体上分析规划方案的内容要件是否完备。内容要件包括规划主、客体是否明确，规划目标设定是否合理，规划实施战略是否得当，规划措施是否完备、健全，保证规划实施的资源是否充裕，以及评估规划损益范围是否公平、合理等。其次，根据规划方案的整体评估结果，有针对性地对规划目标和规划方案的可行性展开评估。虽然这个过程一般被称为预评估或执行前评估，但是在方案执行中或方案实施后如果出现了较大的偏差和失误，也可先从对规划方案的评估开始询查原因，以确定或排除某个环节出现问题的可能性。因此，规划方案评估不仅属于预评估的范畴，也被应用于规划实施过程的其他阶段。

在规划方案的内容要件评估方面，一般应包含以下要素。

(1) 规划执行主、客体是否明确

在规划方案中，应具体规定规划的执行主体，以明确规划责任。在规划实施中，往往存在政出多门、责任不清的情况，甚至会出现一项规划由原本未规定责任的行政部门插手和介入的情况，而一旦出现问题，又无人负责。因此，规划方案中应明确规定责任主体，若存在多个主体，也应明确规定他们之间的相互关系和责任顺序及其轻重。规划评估的职责就在于评估规划执行主体的确定是否合理，相互关系是否协调，以及责任顺序及其轻重是否适当，是否有利于规划方案的实施。在规划客体方面，规划方案应尽可能地明确调整对象的范围，即规划所要处理和解决的各种社会问题及所要发生作用的目标群体（社会成员）的行业、部门和地域分布，明确规划效果所要达到的程度。

（2）规划目标设定是否合理

评估规划目标设定是否合理包括对规划目标的针对性、具体性、可行性、协调性和规范性进行评估。这方面情况将在后面进行专节讨论，这里不再赘述。

（3）规划实施战略是否得当

规划战略是关于特定规划实施方略的综合原则的基本规定，它涉及特定规划的指导原则、作用范围、基本态度等。对规划战略的评估包括该规划是做局部小幅度的调整还是做整体深层次的变动；该规划的作用范围如何，即该规划的作用面有多宽、影响力应深入哪些社会阶层；该规划是着眼于长远目标还是近期目标，是希望速见成效还是希望在较长远的未来发生影响等。

（4）规划措施是否健全、完备

规划措施是指为了有效地实现规划目标，使规划顺利执行而采取的各种手段，它包括政治、经济、法律、技术等各种方式。规划措施评估包括分析规划执行所必要的措施是否具备和是否充足、各项措施对该项规划是否适合、规划作用对象对规划措施的反应等。

（5）规划实施的资源是否充裕

评估规划实施的资源是否充裕，即评估规划得到有效实施所需的民众认可和政治支持是否具备，行政组织和人力资源要求是否得到满足，经济条件是否许可，以及技术条件是否成熟等。

（6）规划损益范围是否公平合理

规划的本质是对社会利益的权威性分配，这就形成了社会群体和个体利益得失的调整问题。虽然这种得失可能是直接的，也可能是间接的；可能是有形的，也可能是无形的，但是这种利益的分配和再分配却是客观存在的。规划方案的损益评估，就是对规划可能产生的损益范围、损益程度，以及损益群体和个体状况进行分析。评估规划损益范围和程度的合理性，关系整个规划的合理性、公众对规划的接受程度、规划目标的实现程度，甚至整个规划的成败。这是规划方案评估的一个重要领域。

4.1.2.2 规划目标评估

编制规划方案必须确定目标，这是编制规划的起点和前提。规划目标就是规划编制者希望规划执行后所应达到的效果。确定规划目标在规划编制过程中是一项极为重要的内容，它不仅规定了规划方案的基本走向，而且是规划设计和规划择优的基础、规划执行的指导方针，并且为规划评估提供了直接的标准和依据。因此，规划目标评估是整个规划方案评估的核心和纲领，这也是本书将规划目标作为单独的评估内容加以介绍的主要原因。

规划目标的确立与规划问题的解决直接相关。对规划目标的分析，首先，应该明确规划目标的内容是什么，该目标是否明确、具体、易于理解，其设置是否恰当，是否存在过高或过低的情况等。其次，应明确该规划是单目标规划还是多目标规划，总目标下是否有分目标和阶段性目标，目标分解和设定是否合理等。最后，还应分析该规划在非目标领域（即非预期的领域）是否会产生影响，在哪些非目标领域会产生影响，其影响是正面的还是负面的，影响程度有多大。在评估规划目标时，为保证规划目标的正确性和有效性，应重点考虑以下几方面因素。

（1）规划目标的针对性

规划是有目的的活动，规划目标是为解决某个特定问题而确立的。因而，确立目标时必须针对实际问题，有的放矢，切中问题的要害。如果规划目标的范围比较宽泛，指向不明确，那么执行者就会在规划执行中无所适从，规划就难以达到预期效果。所以，任何规划目标的确定，都必须以所要解决的实际问题为指向，增强针对性。

（2）规划目标的具体性

规划目标一般是定性与定量相结合的描述形态，它必须是具体的、明确的，否则规划方案的拟订就失去了依据。规划目标的具体性包含了以下几层含义。首先，规划目标的表达必须明确、具体、清晰，内涵不能有歧义，外延边界要清晰。其次，规划目标应明确规定目标的时间期限。任何一种规划都有时间的限制，如果超过了有效作用的期限，再好的规划方案也会失去意义。如果有些规划的总目标需要较长时间完成，无法事先确定具体时限，那么也应把长期性的总目标细分为若干阶段的分目标，并规定出分目标的时限。最后，规划目标应有明确的约束性条件。约束性条件是指在确定规划目标时，对规划目标设定的具体条件。只有在符合这些条件的前提下实现目标，才算规划目标的真正实现。

（3）规划目标的可行性

一般说来，目标应具有先进性和合理性。既要高于现实水平，又必须是在现有条件下通过一定的努力可以实现的，即应具有充分的可行性。那些不具备实现条件的规划目标只能是空想。实现规划目标的条件一般分为两类：一类是实现规划目标所需要的各种资源，如人力、资金、物资、技术、信息、权力资源等，这些要素常被称为规划资源；另一类是间接制约规划目标实现的环境条件，如自然环境、政治环境、经济环境、社会环境、国际环境等。在这些条件中，又分为可控因素与不可控因素。只有可控因素或可利用的条件占主要地位时，规划目标才具有相应的可行性。

（4）规划目标的协调性

规划所要解决的问题常常是涉及面广、比较复杂的问题，因而规划目标往往不是单一的，而是多目标的有机组合，即存在着由总目标和分目标构成的多层次的目标体系。所谓规划目标的协调性，就是指多个目标之间要协调一致，不能相互矛盾。各项目标在目标体系中的重要性和相互关系不同，因而在确立一项规划目标时不能只考虑该目标本身，而应着眼于整体，全面考虑，照顾对上下左右各项目标的影响，根据实际情况合理地确定目标结构，尽量减少各项目标相互之间的冲突与摩擦，使之相互配合、协调一致，以实现规划总目标。

（5）规划目标的规范性

规划目标必须符合一定的规范，这就要求规划目标应符合以下条件：第一，规划目标要能体现规划编制者所代表的社会利益；第二，规划目标应当符合法律的规定及国家权力机关的各项决议和决定；第三，设定规划目标的标准要适当，既不能过高也不能过低；第四，规划目标要符合社会的基本道德规范和行为准则。一项规划目标如果有悖于人们的基本价值观和信仰，必然会招致民众的抵触和反对，进而难以实现。

4.1.2.3 规划方案可行性评估

在规划方案评估过程中，可行性分析是不可缺少的评估方法。规划编制的目的在于解决规划问题，而可行性分析是规划抉择的最基本的依据。政府规划涉及面广、投资巨大、影响深远，因而必须有包括专家学者在内的智囊团对其进行充分、有效的可行性论证，这也是决策民主化、科学化的基本保证。

规划方案的可行性评估主要包括规划方案实施的政治可行性、行政可行性、经济可行性和技术可行性四个方面。

（1）政治可行性

政治可行性主要是指规划方案获取政治资源支持的程度及对政治价值的影响，是方案论证的最重要、最基本的方面。规划从本质上说是政治统治的工具，是社会利益分配或再分配的手段，其制定和执行过程必然面临多方面的压力。因此，具体规划如果不被规划作用对象理解和接受，就会遭到抵制和抗议，丧失政治支持度和政治可行性。所以，一项规划方案的顺利实施，必须以政治可行性作为基础。否则，即使规划方案再科学、再经济、再具有技术上的条件，也难以实施。在我国经济转轨过程中，很多规划方案的出台和时机的把握，都在一定程度上考虑到了人民群众的承受能力和认同程度，从而得到了顺利的实施。

（2）行政可行性

行政可行性主要是指规划执行所需要的行政资源的支持度和行政团体的认同度。具体而言，规划的实施应有一定的行政组织为保障，应在原有的规划空间中有实施的可能，并且不违反基本的行政伦理，其规划理念得到行政人员的普遍认同和支持。否则，一项方案设计完美的规划，即使符合法律程序要求，也会由于行政条件不具备，或行政系统和人员的消极执行而收不到应有的积极效果，或产生不应有的消极影响。

(3) 经济可行性

经济可行性主要是指执行规划方案所需的经常性经济资源和特殊性经济资源的支持程度。一般而言，规划并不以经济回报作为主要考虑因素，但是在现实条件下，经济因素却往往成为影响规划制定的主要因素。例如，一项耗资庞大的规划很可能脱离国家现有的经济发展水平，超出政府对资源的掌控范围，最终会因资金短缺而停滞或失败。另外，如果经济效益太差而规划成本过高，那么该规划方案的经济可行性也会大为降低。不少较为理想化的规划方案，由于经济条件的限制，无法实施或实施后收不到应有效果。所以，对任何规划而言，评估经济可行性都是十分重要的。

(4) 技术可行性

技术可行性主要是指方案在现有的技术水平上实现目标的可能性及其程度。任何规划方案都应具有技术上的可行性。如果一项规划方案在政治、经济方面都没有问题，但是按现有的技术条件却无法实施，那么该规划方案就不具有技术可行性。

一般而言，经济可行性取决于技术可行性的程度，但是经济上的投入增大，也有利于技术条件的成熟，促进具备技术可行性。经济可行性、技术可行性增大，又会影响由决策者主张或坚持的政治可行性。事实上，在规划执行中，这几种可行性之间往往是相互联系、相互制约的，其中任何一种可行性条件不成立，都可能会降低其他方面的可行性的程度，规划也难以收到预期效果。成功的规划方案往往要充分考虑各方面的可行性，找出一个最佳的结合点。

4.1.3 规划方案评估的判定标准

规划方案评估的判定标准如下：①是否有利于“元政策”（关于制定方案的政策被称为“元政策”）的实现，即评估规划方案本身是否体现了基本国策的精神，是否符合国家总体发展战略；②是否能最大限度地实现规划目标；③耗费的规划资源是否尽可能地少、规划成本是否尽可能地低；④实现规划目标的风险程度是否尽可能地低；⑤规划方案实施中产生的副作用是否尽可能地小；⑥规划方案是否考虑了对生态环境的影响。

当然，上述标准并不是绝对的，需要根据实际情况具体加以运用。在实际工作中，受决策信息的不完备、方案的不周延及选优标准的多样性与相对性等因素的影响，达到最优目标往往是相当困难的。因而在一般情况下，比较适宜采用赫伯特·西蒙提出的满意标准，遵循有限理性原则，在既有条件下科学判定规划方案。

4.2 林业规划执行系统评估

规划执行系统评估的基本目的就是加强规划实施过程的控制，防止出现系统性偏差。也就是说，即使规划执行存在问题，也不一定要等到规划执行完毕后才对这些问题进行检验和评估，而是通过中期评估或年度评价尽早发现问题，有效避免因规划失误和执行偏差造成社会资源的不当损耗。此外，执行系统评估也是规划执行后评估的一项重要内容，因为规划实施后效果如果不理想，除了在规划方案中寻找答案外，往往需要在规划执行系统中去探究。因此，不论从规划执行中角度，还是规划执行后角度，规划执行系统评估都是不可或缺的重要内容。

4.2.1 执行系统评估的基本内容

当规划执行效果出现偏差时，应对规划执行系统的有效性进行积极评估，包括执行主体的素质、执行客体的配合程度、执行环境的发展变化和适应性等内容。

在一个动态的规划执行系统中，系统结构的优劣直接由规划执行主体、客体和环境之间的协调性体现出来。规划执行系统与环境之间存在密切的联系，每个系统都是在一定的环境中存在和发展的，它与环境之间发生着各种物质、能量和信息的交换，交换的结果往往是特定形式规划执行系统的产出。

就规划执行系统而言，各要素之间、要素与系统之间、系统与环境之间，都存在着一定的有机联系，从而在规划执行系统内外形成了一定的结构、秩序和运行规律。

规划执行主体、客体和环境是规划执行系统的三个基本要素。只有对规划执行系统进行深入评估，才能更好地、深入地探究执行系统的不完善如何导致规划失误或执行效果质量低下，并进而对规划执行系统加以改进。所以，评估规划执行系统对于优化和改进规划实施质量，具有相当重要的作用。

在规格执行系统评估方面，应从执行主体和客体的性质、功能、特点方面，以及与执行环境是否协调等方面寻找原因。除此之外，还应考察执行系统的不同层次、不同部分，以及执行系统结构与功能是否协调和匹配等方面的问题。如果这些方面存在问题，则构成了规划执行系统改进的基本动因。

4.2.2 执行系统评估的评价指标体系

4.2.2.1 执行主体评估

规划执行主体可以界定为直接或间接地参与规划编制、执行、评估和监控等活动的人、团体或组织。在规划执行系统中，执行主体发挥着主导性作用。执行主体不仅决定着规划的产生和变化、规划执行过程的所有环节和主要方面，还决定着整个规划执行系统运行的有效性和系统的改进。因此，研究规划执行主体的特征和作用，以及构成因素的性质、功能和相互影响的方式与规律，具有极为重要的意义。

一般而言，规划执行主体按不同的标准可以分为个人主体与组织主体，官方主体与非官方主体，以及规划编制主体、执行主体、评估主体、研究主体等不同形式。本书的研究重点是政府规划执行系统的评估，因此这里主要评估行政系统规划执行主体的情况。

规划执行主体评估的评价指标主要包括执行主体是否缺位、执行主体是否不合法或职责不清、执行主体的构成是否合理及人员素质是否符合要求三个方面。

（1）执行主体是否缺位

在大多数规划执行系统中，执行主体都是明确的，不存在缺位问题。但是，在一些特殊的规划执行系统中，规划方案未明确规定执行主体，或规定得过于模糊，都会导致规划实施中出现执行主体的缺位，进而影响规划功能的发挥。另外，由于对执行主体的系统性认识不足，不同类型的执行主体也可能存在缺位的现象。例如，规划决策主体明确，但执行主体缺位；规划执行主体明确，但评估主体缺位等。在传统规划结构下，规划编制、执行和评估主体是合为一体的，这种规划执行系统的运行效率较高，但是容易出现失误，规划执行质量难以保障。在现代规划执行系统中，规划编制、执行和评估主体是分离的，规划编制主体只负责规划方案的选择、制定和决策，对规划方案的质量起着主导性作用；规划执行主体则专负其责，保障规划的有效执行；规划评估主体与编制和执行主体相分离，所以可以更客观、更专业化地评估规划。因此，在一个完善的规划执行系统中，规划的编制、执行和评估主体应该是相对分离的，且都不能存在缺位和越位现象。即使在一个结构简单的规划执行系统中，如果规划编制、执行和评估主体是相同，也应该用制度化形式对其职责进行明确规定，防止在规划实施中出现相关评估功能的缺失。

（2）执行主体是否不合法或职责不清

一方面，应深入分析执行主体是否具有合法性，特别是在复杂执行系统中，防止不具有资格的组织担任执行主体，进而引发相关法律问题。另一方面，针对合法的执行主体，也应对其职责定位进行相应评估。某些规划方案在规划编制等环节存在问题，未规定各类执行主体的职责，可能导致规划方案在执行过程中出现职责不清、相互冲突的情况。例如，某项规划方案的执行需要多个部门的相互配合，如果未规定主要责任和次要责任，就会因执行成本太高而无人实施，或因有利益而争抢实施，导致执行主体之间产生矛盾和冲突。再如，在规划编制、执行和评估主体分离的体制中，规划方案未规定各自的职责或对发挥作用的方式规定得不明确，会产生功能冲突和协调不顺的问题；而在规划编制、执行和评估主体相同的体制中，职责不清也可能导致角色冲突的问题。这些都会不同程度地影响规划实施的效果。

(3) 评估执行主体的构成是否合理及人员素质是否符合要求

不论是规划编制主体，还是规划执行和评估主体，其构成都应该合理有效。在规划编制主体方面，既要有理论方面的专家，又要有熟悉规划实践的领导者，而且在规划发挥作用的各个领域，都要有相应部门和人员参与规划编制，这样才能保证高质量的规划方案的形成。在规划执行主体方面，也应考虑不同层次执行主体的构成，在中央、省（自治区、直辖市）、地市、县、乡（镇）各级组织构成中，应有不同的人力、物力和财力的合理搭配；在各个执行部门之间，应根据职责的不同，合理安排组织结构，在充分发挥规划功能的前提下，尽量降低执行成本，节省行政资源。在规划评估主体方面，其构成应符合专业化的要求，在条件许可的情况下，应尽量吸收政府组织之外的独立评估机构参与，增加评估的客观性和独立性。在具体人员配备方面，应在部门来源、专业背景、知识和年龄结构等方面合理搭配，防止出现单一化的倾向；同时，应根据规划的性质和实际研究的需要，把握好各类人员的比例与权重，没有必要使各方面人员结构数量完全均一化。总之，应根据不同规划执行系统的特点，合理安排执行主体的构成和人员的结构，使之尽可能符合科学化、专业化和规范化的要求。

4.2.2.2 执行客体评估

规划执行客体是指规划所要发生作用的对象，包括规划所要处理和解决的各种社会问题及所要发生作用的目标群体两个方面。评估规划执行系统，必须深入分析执行客体的特性和发展变化的规律，重视执行客体在整个规划执行系统中的重要性，以及执行客体、主体和环境之间的相互关系。只有这样，才能更好地解决和处理实际问题，安全稳定地实现规划目标。在规划所要处理和解决的各种社会问题方面，应着重评估社会问题的性质和结构。在评估目标群体方面，应深入分析规划所涉及的社会公众群体的结构、损益范围和合作程度。

(1) 评估社会问题的性质和结构

事实上，社会问题之所以复杂，主要是受问题构成要件的影响。这些要件主要包括社会问题的情境、相关的群体或个人数量、社会问题包含的利益与价值问题、规划方案的后果、特定后果产生的概率等。按照这些组成要素复杂性的不同，社会问题一般可分为三类：结构优良的社会问题、结构适度的社会问题和结构不良的社会问题。

结构优良的社会问题面临的情境可以是相当确定的，也可以是处于风险性情境之中的；问题涉及的与决策相关的人员只有一个人或少数几个人；用来解决问题的规划方案也是有限的；规划方案的价值较好地体现了相关人员的共识；虽然每一种方案的后果未必完全可知，但均在可接受的限度之内。

结构适度的社会问题涉及的目标群体的人数不多，备选方案数目有限，各方案的价值也能够较好地反映相关人员的目标和偏好。但是，在这种社会问题中，每一项方案的后果并不确定，有可能超越了可接受的范围。也就是说，以这种社会问题为基础形成的规划方案的后果具有不确定性，而且误差的概率常常无法估计。

结构不良的社会问题涉及许多不同的群体和个人，其价值是未知的，而且无法用一致的方式加以排列。结构不良的社会问题的主要特点：相关群体和个人之间存在着相互冲突或不协调的目标，规划方案及方案的后果都是未知的，决策的风险和不确定性无法估计。规划制定者在面临这种问题时，其主要任务不是发现已确定的关系，而是界定问题的本质。结构不良的社会问题常常在优劣排序上不具有可传递性，它不像结构优良与结构适度的社会问题具有明显的可传递性（即当甲方案优于乙方案、乙方案优于丙方案时，那么甲方案优于丙方案）。因此，对于这类问题，决策者无法明确选择，甚至根本不可能提出一个被所有人都赞同和接受的方案。

结构优良、结构适度和结构不良的社会问题的主要特点如表 4-1 所示。

表 4-1　社会问题的结构分类

要素	社会问题的结构		
	结构优良	结构适度	结构不良
决策者	一个人或少数几个人	一个人或少数几个人	许多不同群体和个人
方案	有限	有限	无限
价值	共识	共识	冲突
后果	确定或风险	不确定	不确定
概率	可计算	不可计算	不可计算

（2）评估目标群体的结构、损益范围和合作程度

目标群体，也称规划作用对象，一般是指规划目标所设定或涵盖的社会公众群体。尽管规划目标多种多样，但它总是表现为对一部分人的利益进行分配或调整，以及对一部分人的行为进行指导、约束或改变的准则。规划能否完全达到目的，并不由规划编制者和执行者单方面决定，而是与目标群体有着直接的关系。目标群体顺从、合作、接受规划作用，规划执行就有可能成功；目标群体不顺从、不接受规划作用，规划执行就可能失败。因此，目标群体的合作与否，对规划的有效执行产生着重大影响。

一般说来，目标群体在规划实施中有两种选择：合作与不合作。合作的行为意味着规划作用对象严格地按照或部分地按照规划规定的目标和原则去行事；不合作的行为意味着目标群体不愿采取规划所期望的行动，或者停止规划所期望的行动。对规划的部分合作或不合作都会在不同程度上妨碍规划的有效执行。在一般情况下，一项规划如果能使目标群体受益，或者使他们在思想上理解或认同，那么该项规划就容易被接受；反之，一项规划如果被目标群体认为是无效的或无意义的，那么就会被反对或抵制，进而难以执行或发挥作用。因此，目标群体的评估，应深入分析规划涉及的社会公众群体的结构、损益范围和合作程度，为规划执行提供良好的依据，为规划失效寻找执行客体方面存在的原因，为执行系统的优化和改进提供帮助。

4.2.2.3 执行环境评估

执行环境是规划执行系统运行的外部条件，是影响规划产生、存在和发展的一切自然因素和社会因素的总和，主要包括自然环境和社会环境两方面。任何一项规划的执行都无一例外地要与环境因素发生相互作用，都要受特定系统环境的制约和影响。适宜的执行环境必须有助于规划的有效执行，不适宜的执行环境必然妨碍规划的顺利实施。因此，对规划执行环境进行评估是相当重要的。

一般而言，自然环境主要是指一个国家的地理位置、国土面积、气候条件、地形地貌和自然资源等，它们对一国的内外规划有着重要的影响和制约作用。社会环境主要包括政治制度、经济条件、文化背景、人口因素、科技教育水平等，它们对规划执行系统的影响更为直接、更为重要。在大多数情况下，不论自然环境还是社会环境，对规划执行系统的影响都是巨大的，它们不仅规定了规划的内容和形式，而且深刻地影响着规划执行和目标实现的程度。在规划编制过程中，如果不全面、充分地考虑每一个环境因素的作用，就很难使规划具有现实性；同样，在规划实施过程中，如果环境与规划不协调，就很难使规划顺利有效地贯彻、落实。因此，必须对规划执行环境的构成、性质和发展变化进行有针对性的评估。

对规划执行环境的评估，首先，应研究执行系统的自然环境和社会环境的整体背景及各种具体环境的构成情况；其次，应分析特殊环境条件对具体规划的制约。不同的国家、民族和地区具有不同的规划执行环境，既有地理位置、气候条件、地形地貌和自然资源方面的差异，也有社会结构、经济发展水平、历史文化传统方面的不同。这些差别既是人类文明发展多样性的具体表现，也是不同规划执行系统产出及效果差异的重要原因。另外，所有的执行环境因素都处于不断变化之中。从社会系统看，社会的基本矛盾处于不停的运动发展过程中，由此引起的社会、政治、经济和文化状况也必然相应发生变化。同样，自然资源等环境条件也处于变动之中，国际环境也在不断变化。换言之，任何一项规划都不可能一劳永逸，而是应随着各种环境因素的变化，不断制定与环境因素相适应的新规划或调整原有的与环境因素不相适应的旧规划。规划执行环境的评估应能够全面反映和体现上述因素对规划的影响和制约。

4.2.2.4 执行系统运行评估

除了对规划执行主体、客体和环境等要素进行评估外，还应全面评估规划执行系统运行的整体性、协调性、稳定性和有序性。

（1）评估规划执行系统运行的整体性

整体性是规划执行系统的本质属性，是指时间上和空间上相互联系、相互作用的规划构成的有机整体所表现出来的特性。一般而言，规划的整体效应不等于各孤立规划功能的简单相加，而只存在两种形式：一种是规划的整体效应大于各独立规划的效应之和，即各项规划相互协调、相互增量产生了正向效应；另一种是规划的整体效应小于各独立规划的效应之和，即规划之间相互冲突、相互抵消产生了负向效应。如果各项规划的配置体现了优化组合，就能使规划执行系统运行形成整体的正向效应。反之，如果各项规划的配置在时序上相互错位，在内容上相互冲突，就会造成规划之间相互抑制、相互损益，导致规划执行系统的整体正向效应较差，表现为规划控制社会的能力降低，社会经济体系出现紊乱现象。规划执行系统的整体性要求人们在编制和执行规划时，必须把单项规划作为规划执行系统的一个有机组成部分，注重不同规划间的配套。

（2）评估规划执行系统运行的协调性

规划执行系统的协调性体现了作为规划执行系统组成部分的各单项规划之间，单项规划与规划执行系统之间，规划执行系统与社会环境之间的相互依存、相互制约的关系。每一项规划都不是孤立存在的，而是作为规划执行系统的一个组成部分，在纵向、横向上受其他规划的影响和制约，同时又影响和制约着其他的规划。任何一项规划的变化，都会使相关规划做出相应的改变，这种连锁反应是不可避免的。离开了相关规划的支持，单项优化的规划也必然效力锐减并导致无法遏制的负效应。规划执行系统的相关性要求人们应该从规划之间的联系中来认识、把握规划执行系统。不仅注重一项规划本身的科学性，还必须使相关规划与之配合，统筹兼顾，全面安排。

（3）评估规划执行系统运行的稳定性

稳定性是规划执行系统存在和运行的一个基本特征。这种稳定性的表现是多方面的。首先，稳定性与规划目标是紧密联系的。规划目标确定之后，要实现它，必然要有一个时间上的持续过程，在此期间，规划内容要保持稳定。其次，稳定性与规划效益是联系在一起的。规划在执行过程中，如果给社会带来的效益远远多于支出成本，那么这项规划就应是稳定的。作为一个有机程度高、结构严密的系统，规划执行系统应能够随着外界条件的变化不断进行自我更新，保持自身的动态平衡。如果规划执行系统能从总体上保持动态稳定，那么它就具有较强的抗外界干扰能力。即使当个别规划出现失误时，也不至于对规划执行系统的整体功能产生显著影响，即使个别规划出现大的失误导致规划执行系统的稳定性受到影响，待干扰消除后，规划执行系统仍能够在较短时间内重新恢复稳定状态。规划执行系统的动态稳定性要求人们在规划实践中正确地处理规划的稳定与变动的关系。

（4）评估规划执行系统运行的有序性

有序性是规划执行系统运行的状态特征。它是指规划执行系统内的各项规划按照一定的秩序和方式组成整体结构并有规则地运动。只要规划执行系统保持一定的开放性，就能使规划执行系统的运转保持有序的状态并向高度有序的状态演化。规划执行体系运转有序与无序，以及有序度的高低，直接影响规划执行系统的功能。规划执行系统内的各项规划按照纵向一致、横向协同的规则实现有序运转，就能不断减少规划执行系统内的损益值，使规划执行系统的有序度不断得到提高，使规划执行系统始终保持协调和统一。

4.2.3 规划执行系统评估的判定标准

规划执行系统评估的判定标准如下：①规划执行系统是否具有整体性、相关性、层次性和有序性；②规划执行系统结构与功能是否协调和匹配。

第5章　林业规划实施过程评估

5.1　过程评估

5.1.1　基本内容

5.1.1.1　任务完成情况

任务是指具体要做的事情、要承担的责任或者工程建设任务。任务完成情况评估是对规划中规定的各项任务的完成进度进行评估，一般用任务完成量与同期规划任务之间的比值表示。林业规划中的任务大致可分为生态、产业、文化三个方面。一般而言，生态任务完成情况包括人工造林面积完成率、封山育林面积完成率、低效林改造面积完成率、森林蓄积完成率、退耕还林面积完成率、湿地保护面积完成率、湿地修复面积完成率、单位面积湿地碳汇完成率、沙化土地治理完成率、自然保护区比例完成率等；产业任务完成情况包括木材产量完成率、木材加工制品产值完成率、非木质林产品产值完成率、科技示范区数量完成率、中高级以上技术职称（含大专以上学历）人员数量完成率、林道网密度完成率、参加森林保险的面积完成率等；文化任务完成情况包括人均森林公园面积完成率、森林旅游人次完成率、城镇绿化面积完成率、每百万人拥有林业文化设施数量完成率、人均公共绿地面积完成率等。当然，不同林业规划有不同的任务指标，评估时主要围绕规划规定的任务进行评估。

5.1.1.2 目标实现情况

目标实现情况评估是对规划的生态目标、产业目标和文化目标的实现情况进行评估，用截至评估末期的目标值与同期规划的目标值之比表示实现程度。一般而言，规划生态目标实现情况主要包括森林覆盖率、造林保存率、农田林网控制率等；规划产业目标实现情况包括林业总产值占 GDP 的比例、林业科技贡献率、林业就业贡献率、林农增收贡献率、造林良种使用率等；规划文化目标实现情况包括村镇绿化率、全民义务植树尽责率、森林旅游对当地经济贡献率等。

5.1.1.3 资金落实与使用情况

资金落实与使用主要是指为完成规划任务和实现规划目标进行的资金性质的投入与使用，主要包括中央投资、地方配套资金、群众投工投劳折算资金等。资金落实评估的内容主要包括各级投资是否按照规划时间、资金量进行了拨付。资金使用情况评估主要包括使用方向是否符合规划的相关要求。

5.1.1.4 管理情况

管理情况评估主要包括对规划编制及审批、质量管理的评估。规划编制及审批评估主要包括规划编制率和规划审批率等；质量管理评估主要包括作业设计率、投资到位率、检查验收率、建档率、效益监测率、人员培训、科技推广等。除此之外，管理情况评估也可能包括管理制度（包括工程计划、资金使用、造林质量等方面的法规、办法、标准）、施工质量管理、评估机制（是否有自评估机制）、年度自评估（规划评估的资源、机制、人员、评估方法与技术支撑等）等方面的评估。

5.1.2 评估指标体系

5.1.2.1 指标体系构建原则

国家林业规划实施评估涉及经济、社会、环境、文化、管理、政策等多方面因素。评估指标体系在设计过程中，总体上必须有一个明确的原则作为指标体系构建的依据。

（1）全面与重点性

依据关联性的程度将其分门别类，划分层次，以便分析研究。层次越往上，指标越综合，层次越往下指标越具体。设置指标体系和选用指标应当通盘考虑国家林业规划实施评估的总体工作，评估指标的选择必须能够反映评估内容的内涵与特征。同时又必须综合考虑评估的总体目标，突出重点性原则，从众多目标中选取紧密相关的关键指标，能涵盖评估目标所需的基本内容和反映对象的全部信息。

（2）独立性原则

选取的每个评估指标都要内涵清晰、相对具有独立性，能从不同角度反映评估的情况。同一层次的各指标之间应当尽量不相互重叠，相互之间不存在因果关系，这样不仅能够节省劳力和财力，而且评估结果能更科学、客观地反映真实情况。

（3）通用可比性

通用可比性指的是不同时期以及不同对象间的比较，即纵向比较和横向比较。纵向比较是指同一对象在某个时期与另一个时期进行比较。横向比较是指不同对象之间进行比较，找出共同点，按共同点设计评估指标体系。要保证指标体系的可比性，必须注意以下几个方面的问题：①研究选取同一种评估方法进行评估；②指标体系的设置要为综合分析评估服务，以便权衡分析；③对各种指标进行统一量纲和无量纲处理，以便综合评估具有相同的意义。

（4）指标敏感性

林业建设活动及自然资源在数量、质量等方面都随着时间和空间发生动态变化，因此在设置和选择指标体系时，必须选择相应的指标来充分反映系统的动态效果，将时间和空间显性或隐性地包含在体系之中，各个指标在时间和空间上具有敏感性，使评估体系具有“活性”。

（5）操作可行性

设计评估指标时应照顾到客观条件的可能性，指标体系应力求简明、便于测评，通过一定的途径和方法可以获取相关的数据和信息。无论是定性指标还是定量指标都要标准化、规范化，能够在实践中较为准确地进行评估。指标操作性越强，越便于选择统计方法和数学模型进行量化评估处理。

（6）目标导向性

评估的目的不是单纯评出名次及优劣的程度，更重要的是引导和鼓励被评估对象向正确的方向和目标发展，即现代林业的发展方向和工程建设的目标指引。因此，选取的指标要具有一定的目标导向性。

5.1.2.2 评估指标体系构建

根据国家林业规划实施评估过程所确定的评估内容，结合经验和专家意见，本书从理论上初步提出了反映评估内容和目标的林业规划实施评估理论指标体系（表 5-1）。以此为例，分析和阐述评估林业规划实施评估理论指标体系的构建过程。由表 5-1 可知，不同评估内容下共有一级指标 8 个（A1、A2、A3、B1、B2、B3、C1、C2），二级指标 $a+b+c+d+e+f+g+h$ 个（$A1_1$，$A1_2$，…，$A1_a$；$A2_1$，$A2_2$，…，$A2_b$；$A3_1$，$A3_2$，…，$A3_c$）。

表 5-1 林业规划实施评估理论指标体系

评估内容	一级评估指标	二级评估指标	指标释义
规划任务完成情况（*A*）	生态体系（A1）	人工造林面积完成率（$A1_1$）	评估期实际完成数÷同期该指标规划数×100%
		封山育林面积完成率（$A1_2$）	
		低效林改造面积完成率（$A1_3$）	
		森林蓄积完成率（$A1_4$）	
		退耕还林面积完成率（$A1_5$）	
		单位面积森林碳汇完成率（$A1_6$）	
		湿地保护面积完成率（$A1_7$）	
		湿地修复面积完成率（$A1_8$）	
		单位面积湿地碳汇完成率（$A1_9$）	
		沙化土地治理完成率（$A1_{10}$）	

续表

评估内容	一级评估指标	二级评估指标	指标释义
规划任务完成情况（A）	生态体系（A1）	自然保护区比例完成率（$\mathrm{A1}_{11}$）	评估期实际完成数÷同期该指标规划数×100%
		…	
		（$\mathrm{A1}_{a}$）	
	产业体系（A2）	木材产量完成率（$\mathrm{A2}_{1}$）	
		木材加工制品产值完成率（$\mathrm{A2}_{2}$）	
		非木质林产品产值完成率（$\mathrm{A2}_{3}$）	
		科技示范区数量完成率（$\mathrm{A2}_{4}$）	
		中高级以上技术职称（含大专以上学历）人员数量完成率（$\mathrm{A2}_{5}$）	
		林道网密度完成率（$\mathrm{A2}_{6}$）	
		参加森林保险的面积完成率（$\mathrm{A2}_{7}$）	
		…	
		（$\mathrm{A2}_{b}$）	
	文化体系（A3）	人均森林公园面积完成率（$\mathrm{A3}_{1}$）	
		森林旅游人次完成率（$\mathrm{A3}_{2}$）	
		城镇绿化面积完成率（$\mathrm{A3}_{3}$）	
		每百万人拥有林业文化设施数量完成率（$\mathrm{A3}_{4}$）	
		人均公共绿地面积完成率（$\mathrm{A3}_{5}$）	
		…	
		（$\mathrm{A3}_{c}$）	
规划目标实现情况（B）	规划生态目标（B1）	森林覆盖率（$\mathrm{B1}_{1}$）	截至评估期末（森林面积）÷土地总面积×100%
		造林保存率（$\mathrm{B1}_{2}$）	评估期人工造林保存总面积÷同期人工造林总面积×100%
		农田林网控制率（$\mathrm{B1}_{3}$）	评估期已建标准林网的耕地总面积÷同期宜建林网耕地总面积×100%
		…	…
		（$\mathrm{B1}_{d}$）	…

续表

评估内容	一级评估指标	二级评估指标	指标释义
规划目标实现情况（*B*）	规划产业目标（B2）	林业总产值占 GDP 的比例（$B2_1$）	截至评估期末林业总产值÷当年 GDP×100%
		林业科技贡献率（$B2_2$）	评估期林业科技进步率÷同期林业总产值增长率×100%
		林业就业贡献率（$B2_3$）	截至评估期末林业在册职工人数÷当年行政区土地人口总数×100%
		林农增收贡献率（$B2_4$）	评估期林农人均林业纯收入÷同期人均纯收入×100%
		造林良种使用率（$B2_5$）	评估期良种苗木造林面积÷同期造林总面积×100%
		…	…
		（$B2_e$）	…
	规划文化目标（B3）	村镇绿化率（$B3_1$）	评估期村镇已绿化总面积÷同期村镇宜绿化总面积×100%
		全民义务植树尽责率（$B3_2$）	截至评估期末参加全民义务植树人数÷总人口数×100%
		森林旅游对当地经济贡献率（$B3_3$）	评估期森林旅游总收入÷同期当地旅游总收入×100%
		…	…
		（$B3_f$）	…
管理情况（*C*）	规划编制及审批（C1）	规划编制率（$C1_1$）	完成工程建设规划编制的总县数÷工程建设总县数×100%
		规划审批率（$C1_2$）	完成工程建设规划审批的总县数÷已编制同期工程建设规划总县数×100%
		…	…
		（$C1_g$）	…
	质量管理（C2）	作业设计率（$C2_1$）	评估期完成营造林作业设计的面积÷同期已完成营造林施工的总面积×100%
		投资到位率（$C2_2$）	评估期已完成工程建设投资总额（含中央投资和地方配套）÷同期工程规划投资总额×100%

续表

评估内容	一级评估指标	二级评估指标	指标释义
管理情况（C）	质量管理（C2）	检查验收率（$C2_3$）	评估期完成检查验收的营造林面积（含县级自查）÷同期完成营造林的总面积×100%
		建档率（$C2_4$）	评估期完成建档工作的县数÷开展工程建设的总县数×100%
		效益监测率（$C2_5$）	评估期完成效益监测的县数÷开展工程建设的总县数×100%
		…	…
		（$C2_h$）	…

（1）评估指标构成与解释

1）规划任务完成情况。

规划完成任务对应一级评估指标 3 个：生态体系、产业体系和文化体系；对应二级评估指标 $a+b+c$ 个。

生态体系评估对应二级评估指标主要包括：①人工造林面积完成率；②封山育林面积完成率；③低效林改造面积完成率；④森林蓄积完成率；⑤退耕还林面积完成率；⑥单位面积森林碳汇完成率；⑦湿地保护面积完成率；⑧湿地修复面积完成率；⑨单位面积湿地碳汇完成率；⑩沙化土地治理完成率；⑪自然保护区比例完成率。

产业体系评估对应二级评估指标主要包括：①木材产量完成率；②木材加工制品产值完成率；③非木质林产品产值完成率；④科技示范区数量完成率；⑤中高级以上技术职称（含大专以上学历）人员数量完成率；⑥林道网密度完成率；⑦参加森林保险的面积完成率。

文化体系评估对应二级评估指标主要包括：①人均森林公园面积完成率；②森林旅游人次完成率；③城镇绿化面积完成率；④每百万人拥有林业文化设施数量完成率；⑤人均公共绿地面积完成率。

2）规划目标实现情况。

规划目标实现情况对应一级评估指标 3 个：规划生态目标、规划产业目标和规划文化目标；对应二级评估指标 $d+e+f$ 个。

规划生态目标评估对应二级评估指标主要包括：①森林覆盖率；②造林保存率；③农田林网控制率。

规划产业目标评估对应二级评估指标主要包括：①林业总产值占 GDP 的比例；②林业科技贡献率；③林业就业贡献率；④林农增收贡献率；⑤造林良种使用率。

规划文化目标评估对应二级评估指标主要包括：①村镇绿化率；②全民义务植树尽责率；③森林旅游对当地经济贡献率。

3）管理情况。

管理情况评估对应一级评估指标 2 个：规划编制及审批、质量管理；对应二级评估指标 $g+h$ 个。

规划编制及审批评估对应二级评估指标主要包括：①规划编制率；②规划审批率。

质量管理评估对应二级评估指标主要包括：①作业设计率；②投资到位率；③检查验收率；④建档率；⑤效益监测率。

（2）评估指标筛选

在实际应用中，不可能将全部的理论指标都用上，必须筛选出与评估内容和目标紧密相关又相对独立的核心指标。从实际情况看，目前指标体系的筛选没有系统的理论，筛选方法主要以定性方法为主，定量方法较少。在指标不多的情况下，多通过德尔菲法等主观方法筛选指标，在指标数量较大的情况下，则采取定量方法。当然，指标不多时也可采用一种或两种方法，指标很多则需要采取几种方法联合的形式才能最终确定。指标筛选的方法很多，主要有德尔菲法、主成分分析法、因子分析法、离散趋势法、相关系数法、聚类分析法、指标区分度、相关性、代表性、层次分析法、回归方程法等。指标筛选过程如下。

第一步，采取德尔菲法，根据已有的指标体系设计调查问卷，向相关经验丰富的专家征询意见，对问卷调查结果进行分析，删除专家普遍认为相关性低的指标，保留关键、有效的指标。假设原始指标共计 k_1 个，经过德尔菲

法删除 k_2个，剩余指标 k（$k=k_1-k_2$）个。

第二步，在此基础上，使用主成分分析法对这些指标进行选择。主成分分析的目标，是在保证数据信息损失最小的原则下，对高维变量空间进行降维处理。大量实践表明，主成分分析法在简化数据结构、消除指标间的相关性方面具有明显的作用。

主成分分析的一般思路如下。

首先，对样本数据 X_{ij}进行无量纲化处理（具体方法详见后文），得到标准化后的数据X'_{ij}。

其次，利用 SPSS 对标准化的数据求主成分，主成分形式为

$$\boldsymbol{F}_i=\boldsymbol{a}_i\boldsymbol{X} \tag{5-1}$$

式中，$\boldsymbol{F}_i$为第 i 个主成分；$\boldsymbol{X}$ 为标准化后X'_{ij}的变量矩阵；a_i 为第 i 个主成分的系数矢量。

再次，确定 p 个主成分。各个主成分的方差贡献率是从大到小排列的，一般取累积方差贡献率在 80%（或 85%）以上的前 p 个，认为这 p 个主成分涵盖了这些指标 80%（或 85%）以上的信息。

最后，根据选出的主成分确定指标。筛选后的 p 个主成分包含的指标较为复杂，需要使用因子载荷矩阵进一步找出主成分贡献率较大的指标。求出 p 个主成分在每个指标上的贡献率，可以去掉那些在每一个主成分上贡献率绝对值都小于 0.3（可以酌情改变）的 q 个指标。剩余的 $k-q$ 个指标即确定的最终的林业规划实施过程评估指标体系，这些指标可以代表林业规划实施状况的大部分信息。

（3）数据无量纲化方法

在上述方法中，如主成分分析法、因子分析法等可能会涉及数据无量纲化方法。数据无量纲化方法主要解决数据的可比性问题，数据无量纲化方法主要有直线型无量纲化（阈值法、指数法、标准化方法、比重法）、折线型无量纲化（凸折线型法、凹折线型法、三折线型法极值化、均值-标准差方法）、曲线型无量纲化方法，其中标准化方法可以与分布函数结合，所以应用比较广泛。除此之外，还有相对化处理方法（包括初值比处理）、函数化

(功效系数) 方法。下面是几种常用的方法。

1) 均值-标准差方法。

一般情况下，多用均值-标准差方法来进行标准化处理，也叫 Z-score (Z 得分) 法，如果有 n 个样本，每个样本有 m 个数据，每个变量为 X_{ij}，标准化后的变量为X'_{ij}，则

$$X'_{ij}=\frac{X_{ij}-\overline{X}_j}{S_j} \quad (i=1, 2, \cdots, n; j=1, 2, \cdots, m) \tag{5-2}$$

式中，$\overline{X}_j$为第 j 个变量的平均数；S_j为第 j 个变量的标准差。

在制图数据处理中，常用 S 代表标准差。当用样本标准差对总体标准差进行估算时，则采用无偏估计值，即

$$S_j=\sqrt{\frac{\sum_{i=1}^{n}(X_{ij}-\overline{X}_j)^2}{n-1}} \tag{5-3}$$

标准化方法处理后的各指标均值都为 0，标准差都为 1，它反映了各指标之间的相互影响，而经过均值化方法处理的各指标数据构成的协方差矩阵既可以反映原始数据中各指标变异程度上的差异，也包含各指标相互影响程度上的差异。

2) 极差法。

为了避免计算标准差，也可以以指标的最大值和最小值的差距，即极差标准化进行数学计算。这时可采用公式

$$X'_{ij}=\frac{X_{ij}-\overline{X}_j}{X_{j_{\max}}-X_{j_{\min}}} \tag{5-4}$$

式中，$X_{j_{\max}}$为第 j 组变量的最大值；$X_{j_{\min}}$为第 j 组变量的最小值。式 (5-4) 得到的标准化变量的范围为−1 ~ 1。

极差法还可以使用式 (5-5) 进行标准化，其结果介于 0 ~ 1。具体计算公式为

$$X'_{ij}=\frac{X_{ij}-X_{j_{\min}}}{X_{j_{\max}}-X_{j_{\min}}} \tag{5-5}$$

3）初值法。

初值法是最常用的、最简单的数据无量纲化方法，其计算公式为

$$X'_{ij}=\frac{X_{ij}}{X_j\ (1)} \tag{5-6}$$

式中，X_j（1）为该项指标的最大值、最小值或初值，也可以采用目标值。

经过上述标准化处理，原始数据均转换为无量纲化指标测算值，即各指标值都处于同一个数量级别上，可以进行综合测算分析。

5.1.2.3 指标权重确定

权重是表征下层子准则相对于上层某个准则（或总准则）作用大小的量化值，使用标准化处理后的数据进行综合测算，还必须对各项指标进行较为科学的权重调整，合理反映各测算指标的影响和作用程度，可以对之赋予不同的解释，如“重要性”“信息量”“肯定度”“可能性”等，以便得出科学合理的综合测算结果。评价指标权重分配不同会直接导致评估对象优劣顺序的改变，因而权重的合理性、准确性直接影响评估结果的可靠性。

目前，权重的确定方法概括起来可分为主观赋权法、客观赋权法和组合赋权法三类。主观赋权法是由决策分析者根据各指标的主观重视程度而赋权的一类方法，主要有专家调查法、相邻比较法（环比评分法）、两两赋值法、二项系数法、最小二乘法、层次分析法等，由于引进了人为干预，这些方法都难以摆脱人为因素及模糊随机性的影响。客观赋权法一般是根据所选择指标的实际信息形成决策矩阵，在此矩阵基础上通过客观运算形成权重，该方法尽量避免了主观赋权法的人为因素，但权值的求取相对有一定难度，常用的如主成分分析法、变异系数法、熵值法等。组合赋权法是将上述几种方法得到的权重进行组合，主要有乘法合成和线性加权组合法。

（1）群体决策法

群体决策的一般结构：设 $X=x_1, x_2, \cdots, x_n$ 为有限策略集，$\forall x_i \in X$，$\mu_B(x_i)\in(0,1)$ 表示 x_i 的关联程度，即策略 x_i 与决策 B 的相关性（有时也表示可行性程度）；成员集为 $D=(d_1,d_2,\cdots,d_m)$，$\forall d_i\in D,\gamma_{ij}(d_k)\in(0,1)$ 表示第 k

个成员认为 x_i 比 x_j 偏好的程度。群中成员的权威性是不同的，因而其个体偏好对群体偏好作用的重要性也各不相同，如项目总负责人就比项目一般成员的意见更具有权威性，本行业专家比其他行业专家更有发言权等。可根据个人的权威性程度形成权重：

$$w_k = \frac{u(d_k)}{\sum u(d_k)} \tag{5-7}$$

式中，w_k 为第 k 个成员的权重；$u(d_k)$ 为第 k 个成员的权威性程度。

对指标有偏好信息的权重确定还可通过另外一种五级标度赋值法，设指标 x_i 对 x_j 的五极标度赋值为 d_{ij}，偏好的程度，按下述方法进行：

x_i 与 x_j 同等偏好，取 $d_{ij}=d_{ji}=4$；

x_i 与 x_j 稍微偏好，取 $d_{ij}=4+1$，$d_{ji}=4-1$；

x_i 与 x_j 明显偏好，取 $d_{ij}=4+2$，$d_{ji}=4-2$；

x_i 与 x_j 更加偏好，取 $d_{ij}=4+3$，$r_{ji}=4-3$；

x_i 与 x_j 极端偏好，取 $d_{ij}=4+4$，$d_{ji}=4-4$。

从而得赋值矩阵 $\boldsymbol{D}=(d_{ij})_{m\times n}$。

再计算各个指标的五标度优序数 S_i：

$$S_i = \sum_{j=1}^{n} d_{ij} \quad (i=1,\ 2,\ \cdots,\ m) \tag{5-8}$$

由此得到对指标 x_i 的主观偏好权重 w_i：

$$w_i = \frac{S_i}{\sum_{i=1}^{m} S_i} \quad (i=1,\ 2,\ \cdots,\ m) \tag{5-9}$$

即所有指标的主观偏好权重矢量 $\boldsymbol{W}$ 为

$$\boldsymbol{W}=(w_1,\ w_2,\ \cdots,\ w_m)^{\mathrm{T}} \tag{5-10}$$

$$\begin{aligned}\mathrm{CI} &= \frac{\lambda_{\max}-n}{n-1}\boldsymbol{A}^{k-1} \\ &= (\boldsymbol{A}_1^{k-1},\ \boldsymbol{A}_2^{k-1},\ \cdots,\ \boldsymbol{A}_m^{k-1})\ \boldsymbol{W}_i^k \\ &= (\boldsymbol{W}_{1i}^k,\ \boldsymbol{W}_{2i}^1,\ \cdots,\ \boldsymbol{W}_{ni}^k)\ \boldsymbol{W}^k\end{aligned}$$

$$
=\begin{bmatrix} \boldsymbol{W}_{11}^{k}, & \boldsymbol{W}_{12}^{k}, & \cdots, & \boldsymbol{W}_{1n}^{k} \\ \boldsymbol{W}_{21}^{k}, & \boldsymbol{W}_{22}^{k}, & \cdots, & \boldsymbol{W}_{2n}^{k} \\ \vdots & \vdots & & \vdots \\ \boldsymbol{W}_{m1}^{k}, & \boldsymbol{W}_{m2}^{k}, & \cdots, & \boldsymbol{W}_{mn}^{k} \end{bmatrix}\boldsymbol{A}^{k}
$$

$$
=\boldsymbol{A}^{k-1}\times\boldsymbol{W}^{k}\mathrm{CI}^{k}
$$

$$
=\boldsymbol{A}^{k-1}\times\left(\mathrm{CI}_1^k,\ \mathrm{CI}_2^k,\ \cdots,\ \mathrm{CI}_m^k\right)^{\mathrm{T}}\mathrm{CR}^k
$$

$$
=\frac{\mathrm{CI}^k}{\mathrm{RI}^k} \tag{5-11}
$$

（2）层次分析法

1）计算单一准则下元素的相对权重。

在准则 C_k 下，对于 A_1，A_2，…，A_n，通过利用 1～9 标度法构造两两比较判断矩阵 $\boldsymbol{A}$，根据和法、根法或特征根法计算权重矢量，如解特征根问题 $\boldsymbol{A}_w=\lambda_{\max}\boldsymbol{W}$ 可得权重 $\boldsymbol{W}$。所得到的 $\boldsymbol{W}$ 经正规化后作为元素 A_1，A_2，…，A_n 在准则 C_k 下的排序权重。在判断矩阵的构造中，并不要求判断具有一致性，这是由客观事物的复杂性与人的认识多样性所决定的，但当判断偏离一致性过大时，排序权重计算结果作为决策依据将出现某些问题，因此得到 $\lambda_{\max}$ 后需进行一致性检验，其步骤如下。

第一步，计算一致性指标 CI：

$$
\mathrm{CI}=\frac{\lambda_{\max}-n}{n-1} \tag{5-12}
$$

第二步，查找相应的平均随机一致性指标 RI，RI 是多次重复进行随机判断矩阵特征值的计算后取算数平均值得到的。

第三步，计算一致性比例 CR，$\mathrm{CR}=\dfrac{\mathrm{CI}}{\mathrm{RI}}$。

当 CR<0.1 时，认为判断矩阵是一致性的，是可以接受的。

2）计算各层元素的组合权重。

假设已知第 $k-1$ 层上 m 个元素相对总目标的组合权重矢量为

$$
\boldsymbol{A}^{k-1}=\left(\boldsymbol{A}_1^{k-1},\ \boldsymbol{A}_2^{k-1},\ \cdots,\ \boldsymbol{A}_m^{k-1}\right) \tag{5-13}
$$

第 k 层上 n 个元素对第 k-1 层上以第 i 个元素为准则的排序权重矢量为

$$\boldsymbol{W}_i^k=(\boldsymbol{W}_{1i}^k,\ \boldsymbol{W}_{2i}^1,\ \cdots,\ \boldsymbol{W}_{ni}^k) \tag{5-14}$$

其中，将第 k 层上不受第 i 个元素支配的元素排序权重设为零。则第 k 层上 n 个元素对第 k-1 层上以各元素为准则分别形成的排序权重矢量矩阵为

$$\boldsymbol{W}^k=\begin{bmatrix} \boldsymbol{W}_{11}^k, & \boldsymbol{W}_{12}^k, & \cdots, & \boldsymbol{W}_{1n}^k \\ \boldsymbol{W}_{21}^k, & \boldsymbol{W}_{22}^k, & \cdots, & \boldsymbol{W}_{2n}^k \\ \vdots & \vdots & & \vdots \\ \boldsymbol{W}_{m1}^k, & \boldsymbol{W}_{m2}^k, & \cdots, & \boldsymbol{W}_{mn}^k \end{bmatrix} \tag{5-15}$$

则第 k 层上元素对总目标的组合权重为

$$\boldsymbol{A}^k=\boldsymbol{A}^{k-1}\times\boldsymbol{W}^k \tag{5-16}$$

如果 k 层为指标体系的最底层，则$\boldsymbol{A}^k$即为最终的组合权重矩阵 $\boldsymbol{A}$。

对组合权重进行一致性检验。若已知以第 k-1 层上元素 i 为准则的一致性指标为CI_i^k，平均随机一致性指标为RI_i^k，则 k 层的综合指标 CI^k、RI^k、CR^k 分别为

$$\mathrm{CI}^k=\boldsymbol{A}^{k-1}\times(\mathrm{CI}_1^k,\ \mathrm{CI}_2^k,\ \cdots,\ \mathrm{CI}_m^k)^{\mathrm{T}} \tag{5-17}$$

$$\mathrm{RI}^k=\boldsymbol{A}^{k-1}\times(\mathrm{RI}_1^k,\ \mathrm{RI}_2^k,\ \cdots,\ \mathrm{RI}_m^k)^{\mathrm{T}} \tag{5-18}$$

$$\mathrm{CR}^k=\frac{\mathrm{CI}^k}{\mathrm{RI}^k} \tag{5-19}$$

当 $\mathrm{CR}^k<0.1$ 时，k 层以上的所有判断满足整体一致性检验。

(3) 模糊赋权法

1) 三角形（梯形）模糊数法。

在多指标权重确定问题中，难以摆脱人为因素及模糊随机性的影响，根据这一特点，可以采用模糊赋权的方法：

$$\widetilde{A}=\frac{a_1}{X_1}+\cdots+\frac{a_n}{X_n} \tag{5-20}$$

式中，$\widetilde{A}$为模糊集合；a_i（$i=1,\ 2,\ \cdots,\ n$）为因素 X_i 在模糊集合$\widetilde{A}$中的隶属度，即权数，可用三角形模糊数或梯形模糊数表示。

例如，假设存在四个变量 D、θ、V、α，运用模糊赋权法，可用三角模糊

数表示：

$$\widetilde{W}_D=(W_{D_1},\ W_{D_2},\ W_{D_3})\qquad(0\leqslant W_{D_1}\leqslant W_{D_2}\leqslant W_{D_3}\leqslant 1)\tag{5-21}$$

$$\widetilde{W}_\theta=(W_{\theta_1},\ W_{\theta_2},\ W_{\theta_3})\qquad(0\leqslant W_{\theta_1}\leqslant W_{\theta_2}\leqslant W_{\theta_3}\leqslant 1)\tag{5-22}$$

$$\widetilde{W}_V=(W_{V_1},\ W_{V_2},\ W_{V_3})\qquad(0\leqslant W_{V_1}\leqslant W_{V_2}\leqslant W_{V_3}\leqslant 1)\tag{5-23}$$

$$\widetilde{W}_\alpha=(W_{\alpha_1},\ W_{\alpha_2},\ W_{\alpha_3})\qquad(0\leqslant W_{\alpha_1}\leqslant W_{\alpha_2}\leqslant W_{\alpha_3}\leqslant 1)\tag{5-24}$$

且$W_{D_2}+W_{\theta_2}+W_{V_2}+W_{\alpha_2}=1$；$\widetilde{W}=\widetilde{W}_D+\widetilde{W}_\theta+\widetilde{W}_V+\widetilde{W}_\alpha$。

其中，W_{D_2}、W_{θ_2}、W_{V_2}、W_{α_2}可结合专家意见，由其他赋权法得到；W_{D_1}、W_{θ_1}、W_{V_1}、W_{α_1}、W_{D_3}、W_{θ_3}、W_{V_3}、W_{α_3}由它们分别和W_{D_2}、W_{θ_2}、W_{V_2}、W_{α_2}的偏差得到；使$W_{D_2}+W_{\theta_2}+W_{V_2}+W_{\alpha_2}=1$，进行归一化处理。

2）非结构性决策中的模糊赋权法。

非结构性决策中的模糊赋权法主要采用重要性定性排序。设存在因素集$C=(c_1,\ c_2,\ \cdots,\ c_m)$，在$c_k$与$c_l$间进行重要性二元比较，以$f_{kl}$表示重要性排序指标标度。

若c_k比c_l重要，取$f_{kl}=1$，$f_{lk}=0$；

若c_l比c_k重要，取$f_{kl}=0$，$f_{lk}=1$；

若c_k与c_l同样重要，取$f_{kl}=f_{lk}=0.5$；

且有$0\leqslant f_{kl}$，$f_{lk}\leqslant 1$，$f_{kl}+f_{lk}=1$，$f_{kk}=f_{ll}=0.5$。

根据因素集构成重要性排序一致性标度矩阵：

$$\boldsymbol{F}=\begin{bmatrix} f_{11} & f_{12} & \cdots & f_{1m} \\ f_{21} & f_{22} & \cdots & f_{2m} \\ \vdots & \vdots & & \vdots \\ f_{m1} & f_{m2} & \cdots & f_{mm} \end{bmatrix}=(f_{kl})\qquad(k,\ l=1,\ 2,\ \cdots,\ m)\tag{5-25}$$

重要性定性排序一致性标度矩阵 $\boldsymbol{F}$ 各行和数由大到小排列，给出因素集在满足排序一致性条件下的重要性定性排序。其中，标度为 0.5 的两个元素，对应行的和数相等、排序相同。

另外，可以根据因素集权重定量确定，根据语气算子进行计算（表 5-2）。

表 5-2　语气算子与定量标度的关系

语气算子	同样	稍稍	略为	较为	明显	显著	十分	非常	极其	极端	无可比拟
定量标度	0.500	0.550	0.600	0.650	0.700	0.750	0.800	0.850	0.900	0.950	1.000
	0.525	0.575	0.625	0.675	0.725	0.775	0.825	0.875	0.925	0.975	1.000

根据重要性排序一致性标度矩阵 $\boldsymbol{F}$，按最重要，次重要，…，最不重要的顺序，依次记以序号 1，2，…，m，则因素集按 $\boldsymbol{F}$ 给出的定性排序对重要性进行二元比较，因素集对重要性的有序二元比较矩阵为

$$\boldsymbol{G}=\begin{bmatrix} g_{11} & g_{12} & \cdots & g_{1m} \\ g_{21} & g_{22} & \cdots & g_{2m} \\ \vdots & \vdots & & \vdots \\ g_{m1} & g_{m2} & \cdots & g_{mm} \end{bmatrix}=(g_{ik})\qquad (i=1, 2, \cdots, m;\ k=1, 2, \cdots, m) \tag{5-26}$$

式中，g_{ik}为因素 c_i对 c_k就重要性进行二元比较时，因素 c_i对 c_k的重要性定量标度；g_{ki}为因素 c_k对 c_i就重要性进行二元比较时，因素 c_k对 c_i的重要性定量标度；i，k 表示排序下标，根据矩阵 $\boldsymbol{F}$ 各行和数由大到小的排序。g_{ik}和g_{ki}满足条件：$0\leqslant g_{ik}\leqslant 1$，$g_{ik}+g_{ki}=1$，$g_{kk}=g_{ii}=0.5$。

经运算可得权重为

$$W=(w_1, w_2, \cdots, w_m)^{\mathrm{T}} \tag{5-27}$$

且有

$$\sum_{i=1}^{m} w_i = 1 \tag{5-28}$$

$$其中, w_i = \frac{\dfrac{1-g_{1i}}{g_{1i}}}{\sum\limits_{i=1}^{m} \dfrac{1-g_{1i}}{g_{1i}}}\quad (0.5 \leqslant g_{1i} \leqslant 1;\ i=1, 2, \cdots, m) \tag{5-29}$$

3）相对隶属度赋权法。

模糊数学概念中，可将隶属度看作权重。假设存在 m 个样本和 n 个指标，其中样本 j 对模糊概念 η 的指标相对隶属度为$\boldsymbol{r}_{ij}$，$\boldsymbol{r}_{ij}$为样本 j 指标 i 特征值 x_{ij}

对 η 的相对隶属度；并假设指标对模糊概念 η 的级别越大（即越模糊）越不好，则指标相对隶属度越大，权重越大。

样本集指标 i 的相对隶属度矢量为$\boldsymbol{r}_i=(\boldsymbol{r}_{i1}, \boldsymbol{r}_{i2}, \cdots, \boldsymbol{r}_{in})$，$(i=1, 2, \cdots, m)$，考虑对模糊概念 η 影响的整体性，将样本集指标 i 的平均相对隶属度

$\bar{\boldsymbol{r}}_i=\dfrac{\sum_{j=1}^{n} r_{ij}}{n}$ 定义为指标 i 的权重，并经归一化后得指标权重矢量为

$$\boldsymbol{W}=\left[\sum_{j=1}^{n}\boldsymbol{r}_{1j}\Big/\sum_{i=1}^{m}\sum_{j=1}^{n}\boldsymbol{r}_{ij},\ \sum_{j=1}^{n}\boldsymbol{r}_{2j}\Big/\sum_{i=1}^{m}\sum_{j=1}^{n}\boldsymbol{r}_{ij},\ \cdots,\ \sum_{j=1}^{n}\boldsymbol{r}_{mj}\Big/\sum_{i=1}^{m}\sum_{j=1}^{n}\boldsymbol{r}_{ij}\right] \tag{5-30}$$

（4）基于 BP 神经网络的可学习赋权法

人工神经网络是由大量的被称为神经元的节点构成的系统，可利用神经网络的可学习算法进行加权。人工神经元模型见图 5-1。

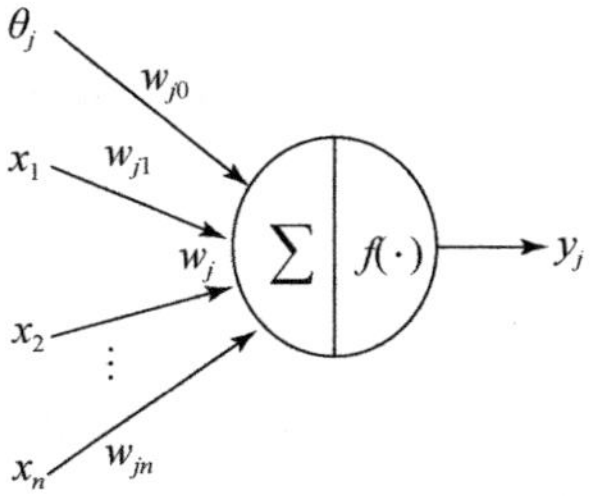

图 5-1 人工神经元模型图

$$y_j=f(\sum w_{ji}\times x_i)\quad (x_0=\theta_j,\ w_{j0}=-1) \tag{5-31}$$

式中，θ_j为阈值：w_{ji}为连接权系数；$f(\cdot)$ 为变换函数。

第一层为输入层，对于“权”而言，这一层，是输入由其他方法求得的各因素参数的权重；第二层为隐节点层，隐节点数没有统一的规则，根据具体对象而定，通过神经网络学习和调整，进行加权变换；第三层为输出层，只有一个节点，通过在该层不断调整权重，使得权重 **W** 对一切样本均保持稳定不变，从而求得最终权重及各参数相对效用值，经过相乘等运算得到第 i 个被评对象的总评估指标 J_i，学习过程也由此结束。

必须指出的是输入、输出必须具有权威性，它通常是依据综合评估总指标，由专家组反复斟酌而定的。已经证明，三层 BP 神经网络可以实现多维单位立方体 R^m 到 R^n 的映射，故只要给定的样本集是真正科学的，具有很强的权威性，就能很好地克服人为确定权重的困难及模糊性和随机性的影响。

（5）熵信息输出求取权重法

对标准化的决策矩阵 $\boldsymbol{X}'=(\boldsymbol{X}'_{ij})_{n\times m}$，令

$$p_{ij} = X'_{ij}/\sum_{i=1}^{n} X'_{ij} \tag{5-32}$$

由信息论知，指标 x_j 输出的信息熵为

$$E_j = -\sum_{i=1}^{n} p_{ij}\ln p_{ij}/(\ln n) \tag{5-33}$$

在式（5-33）中，当 $p_{ij}=0$ 时，规定 $p_{ij}\ln p_{ij}=0$。则

$$w_j = (1-E_j)/\sum_{k=1}^{m}(1-E_k) \tag{5-34}$$

式中，w_j 为指标 x_j 的客观权重。从而所有指标的客观权重矢量为 $\boldsymbol{W}=(w_1, w_2, \cdots, w_m)^{\mathrm{T}}$。

（6）组合赋权法

对于综合权重的求取，当用两种以上的权重确定方法时，就存在一个如何求取综合权重的问题，可以有乘法和加法两种，乘法公式为

$$w_j = \prod_{k=1}^{m} w_j^k/\sum_{j=1}^{n}\prod_{k=1}^{m} w_j^k \quad (j=1, 2, \cdots, n) \tag{5-35}$$

乘法公式特点是对各种确定方法求得的权重一视同仁，其中 w_j^k 为采取第 k 种方法确定的第 j 个指标的权重，m 为采用的权重确定方法的数量。

加法公式为

$$w_j = \sum_{k=1}^{m}\lambda_k w_j^k/\sum_{j=1}^{n}\sum_{k=1}^{m}\lambda_k w_j^k \quad (j=1, 2, \cdots, n) \tag{5-36}$$

加法公式特点是各种权重之间有线性补偿作用，其中 $\boldsymbol{\lambda}_k$ 为各种权重求取方法确定的权重的“重要性”系数，有 $\sum_{k=1}^{m}\boldsymbol{\lambda}_k=1$。

5.2　适应程度及偏差评估

5.2.1　适应程度评估

林业发展在促进生态环境改善、社会效益增加、经济增长的同时，也有可能对土地等自然资源合理配置、生态环境维护、地域文化延续等产生负面影响，如森林旅游活动对森林生态系统功能和结构的影响等。森林作为重要的资源，规划实施应该反映资源的有效配置，同时森林是主要的环境调节器，林业规划的实施应该有效促进环境状况的改善。而且林业发展与市场支撑密切相关，规划的实施应该促进林业产业的良好运营。因此，林业规划实施应该充分适应外部环境，规划的任务、目标和执行情况应当与经济社会及环境因素相适应；规划要与当地的自然社会条件相适应；规划实施是否增强了林业的活力；规划实施是否促进了当地经济的良性增长；林业的发展与当地其他行业（如农业）发展是否相适应。

规划实施应当与当地经济发展综合水平相适应，建设任务要对社会经济起推动作用，与当地经济发展水平相适应，从而科学地规划好林业的规模、结构和布局。林业规划的规模、结构和布局应随着社会经济发展水平的变化而变化，只有这样，林业建设才能促进国民经济的发展。对林业发展的需求还会随人们观念的转变而产生变化，同时，林业的发展还应从质量和结构上满足经济建设和人们的生活需要。

在编制规划的过程中，会对执行该规划需要的各种投入进行预算，平衡各经济主体投入；但在实施过程中，实际支出可能与任务的进度预算不符，也就是说，规划实施都很顺利，也能完成规划的目标和任务，但人力、物力和财力等投入太高，规划在适应性方面相对较差。只有当投入合理时，实际投入符合规划的进度，规划的适应程度才会较好。

5.2.2 偏差评估

规划偏差是指规划实施效果与规划预期出现了偏差。偏差分为两种，正偏差和负偏差。林业规划中主要有任务进度偏差和投入进度偏差两种偏差类型。节约了投入或者工期提前，属于负偏差；增加了投入或者拖延了工期，属于正偏差。在规划开始阶段，实际进度（包括投资进度）按照规划的预期发展着，但由于外界因素的影响，实际进度的执行往往会与规划进度出现偏差，产生超前或滞后的现象。如果出现进度偏差现象，应通过分析偏差产生的原因，采取相应的改进措施，调整原来的计划，使二者尽量在新的起点上重合，并通过组织管理作用的发挥，使实际进度继续按照计划进行施工。

投入增加和工程进度提前是规划实施过程中普遍存在的现象，因而很自然地成为偏差分析的主要对象。有必要指出，在偏差分析中，对负偏差（如节约成本）也要仔细分析其原因，不能认为负偏差是理所当然的事。负偏差的出现，有时是因为已完成工程实际进度的计算有差错，如漏项、缺项、计算依据不当等，或已完成工程实物量已经统计却未及时办理结算手续，从而使计算出的已完成工程实际投资值低于其真正的数值；有时则是因为在确定投资目标时所考虑的各种风险和不确定费用明显高于实际发生的相应费用。以上两种情况都不是实质意义上的负偏差，尤其是第一种情况，在纠正了计算错误之后，仍然有可能出现正偏差。当然，负偏差的出现，也可能是控制措施和实施方法积极而有效的结果。在这种情况下，正确分析负偏差的具体原因就是总结对规划有效实施的经验，从而有可能广泛采用，扩大规划实施的效果。

要进行偏差原因分析，应先将已经导致和可能导致偏差的各种原因一一列举出来，并加以适当的归纳或分类。导致不同项目出现偏差的原因具有一定的共性，因而对已经完成的任务、特别是与拟执行任务相类似的项目的偏差原因进行分析，可以在拟执行任务施工之前就预先充分考虑可能导致投入出现偏差的各种原因。

对偏差原因的归纳和分类，不能过于笼统，否则就不能正确、客观地分析各种原因导致偏差的结果；也不宜过于具体，否则难免百密一疏，有些实际发生的偏差原因可能因找不到适当的“归宿”，而不得不临时补充或调整，而且，原因太具体会使分析结果缺乏综合性和一般性，未必是一种好的选择。当然，在偏差原因分类时，也需要尽可能考虑拟执行任务的“个性”，对于预先未考虑到却实际发生的偏差原因，应当留有临时补充的余地。

从“共性”出发，首先可以把偏差原因分四个方面，即客观原因、组织原因、规划原因和实施原因；然后，对每一类原因进行细分。这样，既可以对每一个具体原因进行个别分析，又可以将每一类原因汇总进行综合分析。显然，个别分析是综合分析的基础。客观原因主要是指材料涨价、自然因素、社会原因、法规变化等原因；组织原因是指组织不落实、建设手续不健全、投资不到位、协调不佳、监督体制不健全等原因；规划原因一般是指规划错误或缺陷、规划标准变化、对各种风险因素考虑不周等规划方案上的原因；实施原因是指组织设计不合理、质量事故、进度安排不当、技术不到位等原因。

5.2.3 主要目标和任务的最终实现可能性预测

林业中期评估工作，遵循求真务实、突出重点、方法科学的原则，对林业规划所提出的发展目标的实现程度，以及重大项目、主要任务和政策措施的落实情况，采用定量和定性相结合的方法，进行全面、客观评估；同时，根据经济形势和宏观环境的新变化，对规划提出的主要目标任务实现情况进行预测，给出基本判断，并提出有针对性、前瞻性的对策和建议。

在规划中期评估基础上，结合适应程度和偏差评估，考虑未来经济社会的环境变化趋势，预测与评估林业规划可能效益及环境影响，分析林业规划所制定战略、目标和任务的现实可能性，研究规划在之后的实施过程中可能产生的风险并进行综合分析评价；而后根据评估结果对规划编制和实施提出修改意见和预防措施，以期能够加强规划目标可实现性、提高林业规划积极效益和影响、促进规划在不同环境中正常有序进行，最终能够有效提高规划可操作性、提高规划编制水平、降低规划实施风险、加强规划科学性。

规划实现可能性预测可以包括以下内容：①条件可能性，通过衡量林业规划编制外部环境现状，分析环境可能为规划带来的机遇与挑战，进而估计规划在当前外部环境下是否具备条件可行性；②目标预测，通过对林业前景、目前目标完成状况分析，评估目标是否具备现实可能性；③效益可能性，通过林业规划实施后可能对社会、经济、生态和景观产生的影响，明确规划效果是否会对未来造成显著的正向或负向环境影响，是否会产生大于投入的社会、经济、生态效益产出；④实施情况评估，规划在实施过程中可能遇到各类执行问题，使其存在达不到预期效果或遭受损失的风险，通过对规划实施优势劣势进行分析，从各个实施角度对规划接下来的实施状况展开分析。

5.3 主要问题和原因分析

林业发展规划在执行实施方面总体进展良好，但也存在一些难点和问题，主要包括以下七方面。

5.3.1 任务完成情况不平衡问题

从各地规划任务完成情况看，由于各地区经济发展水平、林业基础条件等不同，各地区在某项任务的进度上会存在差异。城乡在政策落实和执行力度上的差异，也会导致城乡任务完成情况的不同。而且，在同一地区间各项任务的进度不一。

5.3.2 部分建设资金投入不足问题

近几年来，随着社会价格总体水平的持续上涨，项目建设的成本不断增加，部分项目预算标准明显低于市场价格，导致部分项目建设内容难以完成，影响整体功能作用的有效发挥。在实际建设过程中，资金缺乏、工程建设标准低、配套设施不到位会制约其功能作用的发挥。因此，项目建设的资金是否到位也是评估中的一项重要内容。

5.3.3 实施周期较长和资金到位滞后问题

部分地区项目资金到位滞后，从中央到省，再拨付到地方存在时间差，一定程度上影响了工程进度；部分项目因批复较早，资金到位较晚或没有到位，或者时间跨度过长、物价上涨等因素，无法按标准实施。某些地区造林地块的立地条件差，造成造林难度不断加大，造林单价过低，相应管护资金投入缺乏。

5.3.4 部分规划内容与实际需求不相适应问题

规划内容与实际需求不符包括两个方面：某些需要解决的任务尚未列入规划；林农的要求与国家规划相悖。例如，在防火规划中，林区防火道路是阻隔林火、确保火情发生时扑火人员和扑火机能快速到达指定位置并快速扑救的重要保障，但目前防火道路建设十分薄弱。项目实施的生态保护目标和农民通过参加造林项目增加经济收入的预期之间存在明显的差别，农民对项目实施带来的经济利益表现出特别的关注，希望项目在注重生态效益的同时，适当照顾农民经济利益。

5.3.5 建设标准不一和技术支持问题

国家到省乃至地（市）级的统一体系的构建难以实现，容易造成低层次重复建设，缺乏国家层面的标准规范和技术的支持，兼容匹配的体系难以形成。农民管护意识差，不合理的森林经营管理措施，如不按技术操作规程采取人工纯林、皆伐、全垦、炼山、抚育、打枝等措施，会造成生态系统逆转。

5.3.6 实施监督管理问题

虽然目前国家在林业规划监督管理工作上有了一定的成绩，逐步加强了对森林发展的监督管理，但是一些地区性的规划实施监督管理部门还是缺乏监管力度，对规划的地方尺度监察力度还欠落实到位。例如，一些地区对年度限额采伐指标的监督力度不够。

5.3.7 落后地区林业产业发展问题

很多落后农村地区对林业管护和经营的思路不清晰，即使有国家政策指引，但相关意识较为薄弱，影响林业产业的发展。林业在短期内效益不明显，而林农重视当前利益，忽视长远利益，不能充分重视林业的发展，导致林业发展规模不大，质量效益不高。部分地区林业产业链条短，产中综合服务不到位，产后加工及配套设施缺乏，导致附加值低，产品不精细，产业增效不明显。

5.4 评估结论与具体建议

5.4.1 评估结论

5.4.1.1 规划取得的成效、经验和做法

总结规划实施后取得的显著成效，成效包括生态效益、经济效益和社会效益，如新造林对当地居民收入的提高作用，合理营林措施下林地质量改善状况等。总结在此过程中，取得这些效益得益于哪些有效的技术和管理方式。

5.4.1.2 规划资金落实情况

自规划实施几年来，资金落实情况是否到位，是否符合规划的要求，是否与各地区实际需求相符。基础设施建设、技术培训等资金投入水平是否得到有效的改善，即从资金管理角度总结规划实施状况。

5.4.1.3 规划目标的科学行、合理性

针对规划中所设定的有关生态、产业、文化三个体系的各项目标，规划实施一段时间后，根据实际情况评估得出这些目标是否切实可行，既符合全国林业规划各省区的实际，又符合林业发展的生态、经济、文化大目标。

5.4.1.4 规划管理情况

规划管理情况是指截至评估时期，规划总体进展状况，进展是否比较顺利，与年度投资计划是否相匹配；与规划总任务量相比，各项建设任务完成情况是否适宜；规划管理、计划管理、项目管理、资金管理等方面制度的健全状况，管理工作是否日趋合理、规范、有效等情况。例如，规划实施时间已过半，但有很大比例的任务量没有完成，这时就需要总体陈述接下来任务的严峻性。为实现规划目标，国家和地方政府需要加大实施力度，扩大年度投资规模，保证规划顺利有效实施。

5.4.2 具体建议

5.4.2.1 统筹调整地区发展规划

在规划总投资保持不变的前提下，针对任务完成情况差异，建议对规划进行适当调整：一是在原有重点治理地区的基础上，将规划完成情况较差的地区纳入规划重点治理范围；二是鉴于规划任务地区间、城乡间差异，增加资金和技术投入比例，协调发展；三是给予规划完成进度较慢的任务更高的

关注，加大执行力度和资金投入。

5.4.2.2 加大投入力度

根据林业规划中计划安排的投资状况、已下达资金和预计资金投入状况，考虑要完成规划的估计投资计划、以后几年实际可能需要的资金投入与目前预计的每年的投资规模相比，缺口可能较大，尤其是那些急需解决却投资不足的任务，如新造林地的管护应给予一定资金的投入，建议进一步加大年度资金投入力度，确保按期完成规划建设任务。

5.4.2.3 加强监督管理

建立健全监督机制，对规划项目进行严格、规范的管理，提高项目资金使用效率，保证任务实施质量。各级林业行政主管部门应合理全面地分配工作人员，将林业规划实施监督工作作为一项常规工作，年初做好计划、目标，年中进行检查，年底结束后总结。加强组织领导，做好督促、落实工作，出现问题要彻底检查，决不怠慢。

5.4.2.4 加强宣传教育

大力宣传发展林业、改善生态环境的重要性，不断提高全民的生态意识和法制意识，要用改革开放、开拓创新的精神去积极探索林业发展的新思路、新办法，营造一个全民关心、支持、参与林业生态环境建设的良好社会风气。要广泛地开展森林资源保护的宣传教育工作。各林业企业要不断以不同的形式对职工进行林业的法律法规、方针政策的宣传教育，为做好林业管理工作奠定坚实的思想基础。

5.4.2.5 加强科技支撑

加强对已经取得重大突破并经检验可行的技术成果在林业重大建设工程和适宜地区的推广应用，努力提高规划实施水平。加快建立专业人员培训制度，增强在林业规划中落实新技术的能力。加强种质资源、造林、森林经营、智能装备等领域的技术研发和引进力度，提高我国森林培育水平，从而培育高质量森林资源。加强自然灾害监测预警和处置能力。在林业实践中大量运用大数据、物联网、云计算等现代信息技术手段。

5.4.2.6 调动林农积极性

规划是政府的职责，但规划的实施离不开公众的参与。在国家公益林管理政策允许的情况下，适当发展部分经济林，以增加农户的短期收入。应重视对农民知识、技能的提高，在项目活动的不同阶段，针对农民的不同需求开展多种内容和形式的培训，提高农民的认识，通过多种途径提高农民参与项目的收入和利益。

5.4.2.7 建立健全建设标准

对于森林防火通信和信息指挥系统、专业森林采伐队伍建设、城乡绿地覆盖等，制定出台建设标准或指导性意见，统一、规范全国同类项目建设标准；对设备采购、管理方式等制定统一标准，树立顶层设计理念，加强各地区均衡建设，便于国家与地方实现森林资源标准的统一管理。

第 6 章　林业规划实施评估方法

6.1　评估进展

在规划实施评估的理论研究和实践中，评估者总是试图将评估的方法规范成各种各样的模式，以期评估更为有效快捷；也有学者按照评估活动的逻辑顺序将评估方法划分为不同的类别，如规划方案评估方法、规划执行过程评估方法、规划实施效果评估方法等。由于林业规划的交叉学科特征，评估方法的多样性趋势日渐明朗，这种趋势体现在四个方面：其一，社会学方法的应用，林业这类规划以人为中心，因此林业规划实施评估不可避免地引入类社会学的研究方法，如社会调查法；其二，经济学方法的应用，林业规划的运行处于社会经济活动的大背景中，林业规划的产出需要经济投入；其三，数学方法的应用，环境要素的可量化特征使得数学方法在环境科学中的应用成为可能，应用数学方法对以降低环境危害为目的的林业规划进行定量评估也势在必行；其四，林业规划实施评估综合化，这由评估目的的多样性、各评估主体的优劣势、各评估方法的优缺点决定。

6.2　评估方法

规划实施评估的内容经历了从“当作终极蓝图的规划编制成果”到“从决策到实施的整个过程”的转向，其重点分别是规划编制评估、规划实施结果与规划实施过程评估。本书对规划实施评估的技术性方法按照规划方案评估方法、规划执行过程评估方法和规划实施效果评估方法来展开。

6.2.1 规划方案评估方法

对规划方案的评估一般被称为预评估，其主要任务是描述各种解决问题的方案，陈述各种方案的优劣，确定重要的决策范围，搜集、选择信息资料，为决策者提供方案选择的依据。与规划执行后评估相比，预评估的不确定性和难度更大。一般来说，预评估涉及两个方面的工作：一是预测方案实施后将会产生什么样的后果，能否达到预期目标，解决既定的问题；二是对方案进行可行性评估，即该方案是否能以一种高效、公平并在政治上可行的方式达到预期目标。

6.2.1.1 方案结果预测分析方法

预测分析方法是指根据具体的预测目的、要求和预测对象的特点，为取得科学的预测结果而使用的研究手段和分析技术。预测分析方法是根据客观对象的已知信息而对事物在将来的某些特征、发展状况的一种估计、测算活动；是运用各种定性和定量的分析理论与方法，对事物未来发展的趋势和水平进行判断和推测的一种活动。预测的实质是根据事物的过去和现在估计未来，根据已知预测未知，从而减少对未来事物认识的不确定性，指导人们的决策行动，减少决策的盲目性。预测分析理论很多是这些学科理论的应用、延伸和发展。目前，预测分析方法已广泛用于规划实施评估特别是政策、规划预评估中。根据林业规划实施评估的特点和预测学原则，林业规划实施评估主要采用的预测技术包括定性预测、约束外推预测、理论模型预测和模拟模型预测等。

（1）定性预测

定性预测是指预测者依靠熟悉业务知识、具有丰富经验和综合分析能力的人员与专家，根据已掌握的历史资料和直观材料，运用个人的经验和分析判断能力，对事物的未来发展进行性质和程度上的判断；然后，再通过一定形式综合各方面的意见，作为预测未来的主要依据。

在林业规划实施评估中，定性预测主要应用的方法有德尔菲法、主观概率法、领先指标法、相互影响法和情景预测法（张雅波和张跃龙，1999）。

1）德尔菲法。

采用背对背的通信方式征询专家小组成员的预测意见，经过几轮征询，使专家小组的预测意见趋于集中，最后得出符合市场未来发展趋势的预测结论。德尔菲法又名专家意见法，是依据系统的程序，采用匿名发表意见的方式，即团队成员之间不得互相讨论，不发生横向联系，只能与调查人员进行联系，反复地填写问卷，以集结问卷填写人的共识及搜集各方意见，可用来构造团队沟通流程，应对复杂任务难题的管理技术。这种方法具有广泛的代表性，较为可靠。

2）主观概率法。

主观概率是人们凭经验或预感而估算出来的概率。它与客观概率不同，客观概率是根据事件发展的客观性统计出来的一种概率。在很多情况下，人们没有办法计算事情发生的客观概率，因而只能用主观概率来描述事件发生的概率。

3）领先指标法。

领先指标法就是将经济指标分为领先指标、同步指标和滞后指标，并根据这三类指标之间的关系进行分析预测。领先指标法不仅可以预测经济的发展趋势，而且可以预测经济发展的转折点。

4）相互影响法。

相互影响法就是通过分析各个事件之间因相互影响而引起的变化，以及变化发生的概率，来研究各个事件在未来发生的可能性的一种预测方法。

5）情景预测法。

情景预测法是一种新兴的预测法，情景预测法因不受任何条件限制，应用起来灵活，能充分调动预测人员的想象力，考虑较全面，以及有利于决策者更客观地进行决策，而在制定经济政策、公司战略等方面有很好的应用。但在应用过程中一定要注意具体问题具体分析，同一个预测主题，如果其所处环境不同，最终的情景可能会有很大的差异。

(2) 约束外推预测

约束外推预测法是一种定量预测方法。在环境预测中常用的是时间序列预测法。

时间序列预测法是一种历史资料延伸预测，又称历史引申预测法。时间序列预测法是以所能反映的社会经济现象的发展过程和规律性，进行引申外推，预测其发展趋势的方法。时间序列，又称时间数列、历史复数或动态数列。它是将某种统计指标的数值，按时间先后顺序排序所形成的数列。时间序列预测法就是通过编制和分析时间序列，根据时间序列所反映出来的发展过程、方向和趋势，进行类推或延伸，借以预测下一时间段或以后若干年内可能达到的水平。时间序列预测法内容包括收集与整理某种社会现象的历史资料；对这些资料进行检查鉴别，排成数列；分析时间数列，从中寻找该社会现象随时间变化而变化的规律，得出一定的模式；以此模式去预测该社会现象将来的情况。

时间序列预测法的步骤如下：①收集历史资料，加以整理，编成时间序列，并根据时间序列绘成统计图。时间序列分析通常是把各种可能发生作用的因素进行分类，传统的分类方法是按各种因素的特点或影响效果分为四大类，即长期趋势、季节变动、循环变动、不规则变动。②分析时间序列。时间序列中的每一时期的数值都是许许多多不同的因素同时发生作用后的综合结果。③求时间序列的长期趋势（T）、季节变动（s）和不规则变动（I）的值，并选定近似的数学模式来代表它们。对于数学模式中的未知参数，使用合适的技术方法求出其值。④利用时间序列资料求出长期趋势、季节变动和不规则变动的数学模型后，就可以利用它来预测未来的长期趋势值 T 和季节变动值 s，在可能的情况下预测不规则变动值 I。然后用以下模型计算出未来的时间序列的预测值 Y。

时间序列预测常用模型：直线预测模型（$Y_t = a + bt$）；二次曲线模型（$Y_t = a + bt + ct^2$）；指数曲线预测模型（$Y_t = ae^{bt}$）；修正指数曲线模型（$Y_t = ab^t + k$）；龚帕兹预测法（$Y = kab$）；皮尔生长曲线模型［$Y_t = k/(1 + be^{-at})$］。

时间序列预测法：可用于短期、中期和长期预测。根据对资料分析方法的不同，时间序列预测法可分为简单时序平均数法、加权序时平均数法、移动平均法、加权移动平均法、指数平滑预测法、季节趋势预测法、市场寿命周期预测法等。

1）简单序时平均数法。

简单序时平均数法也称算术平均法，即把若干历史时期的统计数值作为观察值，求出算术平均数作为下期预测值。这种方法基于下列假设："过去这样，今后也将这样"，把近期和远期数据等同化和平均化。因此，该方法只能适用于事物变化不大的趋势预测。如果事物呈现某种上升或下降的趋势，就不宜采用此法。

2）加权序时平均数法。

加权序时平均数法就是把各个时期的历史数据按近期和远期影响程度进行加权，求出平均值，作为下期预测值。

3）移动平均法。

移动平均法利用过去若干期实际的平均值，来预测当期的值。移动平均法在方法上与算术平均法类似。就是相继移动计算若干时期的算术平均数作为下期预测值。简单的移动平均法的计算公式为

$$F_t=(A_{t-1}+A_{t-2}+A_{t-3}+\cdots+A_{t-n})/n \tag{6-1}$$

式中，F_t为对下一期的预测值；n为移动平均的时期个数；A_{t-1}为前期实际值；A_{t-n}为前n期的实际值。

式（6-1）假设平均数内的各项观察值对于未来都具有相同的影响，但在实际中，往往是越接近预测期的观察值对未来的影响越大，因此对下一期的预测值又需要用其他方法来修正。

4）加权移动平均法。

加权移动平均法即将简单移动平均数进行加权计算。在确定权重时，近期观察值的权重应该大些，远期观察值的权重应该小些，以强调时间序列近期的变动对未来具有较大影响，从而使预测值更为合理。但是有时预测值会受权重选择的影响。加权移动平均法的计算公式为

$$F_t=(w_1A_{t-1}+w_2A_{t-2}+w_3A_{t-3}+\cdots+w_nA_{t-n})/n \tag{6-2}$$

式中，w_n为前 n 个时期的权重，且 $\sum_{i=1}^{n} w_i = 1$。

以上几种方法虽然简便，能迅速求出预测值，但没有考虑整个社会经济发展的新动向和其他因素的影响，所以准确性较差。应根据新的情况，对预测结果进行必要的修正。

5）指数平滑预测法。

指数平滑预测法即根据历史资料的上期实际数和预测值，用指数加权的办法进行预测。指数平滑预测法是一种特殊的加权平均法，特点是对距离预测期较近的历史数据给予较大的权重，对距离预测期较远的历史数据给予较小的权重，权重由近到远呈指数递减，所以称为指数平滑。该法实质是由加权移动平均法演变而来的一种方法，优点是只要有上期实际数和上期预测值，就可计算下一期的预测值，这样可以节省很多数据和处理数据的时间，减少数据的存储量，方法简便。该法是国外广泛使用的一种短期预测方法。简单指数平滑法的缺点是比较适用于时间序列趋势不明显的场合，当时间序列明显表现出线型趋势时，简单指数平滑预测值总会落后于实际值的变动。

6）季节趋势预测法。

季节趋势预测法根据经济事物每年重复出现的周期性季节变动指数，预测其季节性变动趋势。推算季节性指数可采用不同的方法，常用的方法有季（月）别平均法和移动平均法两种。①季（月）别平均法。季（月）别平均法就是把各年度的数值分季（月）加以平均，除以各年季（月）的总平均数，得出各季（月）指数。这种方法可以用来分析生产、销售、原材料储备、预计资金周转需要量等方面的经济事物的季节性变动。②移动平均法。移动平均法即应用移动平均数计算比例求典型季节指数。

7）市场寿命周期预测法。

市场寿命周期预测法就是对产品市场寿命周期的分析研究。例如，对处于成长期的产品预测其销售量，最常用的一种方法就是根据统计资料，按时间序列画成曲线图，再将曲线外延，即得到未来销售发展趋势。最简单的外延方法是直线外延法，适用于对耐用消费品的预测。这种方法简单、直观、易于掌握。

（3）理论模型预测

理论模型预测是一种分析预测，即用一系列技术和假设来建立简化的理论表达形式（模型）。一般来说，理论模型大致可分为定性推理模型和数理逻辑模型两类。在评估学中使用的模型有很多，如因果模型、线性规划模型、投入–产出模型、计量经济模型、微观经济学模型、系统动态模型等。这里简要介绍常用的线性规划模型。

线性规划是运筹学的一个重要分支。自 1947 年美国数学家乔治·伯纳德·丹齐格（George Bernard Dantzig）提出了求解线性规划问题的方法——单纯形法之后，线性规划在理论上趋于成熟，在实际中的应用也日益广泛与深入。特别是在能用计算机处理具有成千上万个约束条件和变量的大规模线性规划问题之后，线性规划法的适用领域更广泛了，从解决技术问题中的最优化设计到可在工业、农业、商业、交通运输业、军事、经济计划与管理、决策等各个领域发挥作用。从范围来看，小到一个小组的日常工作和计划安排，大至整个部门及国民经济计划的最优方案的提出，线性规划法都有用武之地。线性规划法具有适应性强、应用广泛、计算技术比较简单的特点，是现代管理科学的重要基础和手段之一（程龙，2002）。

线性规划法是解决多变量最优决策的方法，是在各种相互关联的多变量约束条件下，解决或规划一个对象的线性目标函数最优的问题，即给予一定数量的人力、物力和资源，如何应用而能得到最大经济效益。当资源限制或约束条件表现为线性等式或不等式，目标函数表示为线性函数时，可运用线性规划法进行决策（张莹，2010）。

线性规划法就是在线性等式或不等式的约束条件下，求解线性目标函数的最大值或最小值的方法。其中，目标函数是决策者要求达到目标的数学表达式，用一个极大值或极小值表示；约束条件是实现目标的能力资源和内部条件的限制因素，用一组等式或不等式来表示。

线性规划研究的问题主要有两类：①任务确定后，如何统筹安排，尽量做到用较少的人力和物力资源来完成任务；②有一定量的人力、物力资源，如何安排使用它们，使完成的任务（创造的利润）最多。在生产管理和经济活动中经常提出这样一类问题，即如何合理地利用有限的人力、物力、财力等资源，以得到最好的经济效果。

线性规划模型满足以下三个条件：①存在一组决策变量（x_1，x_2，…，x_n）表示某一方案，这组未知数的值就代表一个具体的方案，通常要求这些未知数取值非负；②存在一定的限制条件（称为约束条件），这些条件都可以用关于决策变量的一组线性等式或不等式来表示；③有一个目标要求，并且这个目标可表示为这组决策变量的线性函数（称为目标函数），按研究问题的不同，要求目标函数实现最大化或最小化。因此，线性规划问题的三个必备要素是决策变量、约束条件和目标函数。

运用线性规划法建立数学模型的步骤（彭斌和李世聪，2001；王月，2012）：首先，确定影响目标的变量；其次，列出目标函数方程；再次，找出实现目标的约束条件；最后，找出使目标函数达到最优的可行解，即该线性规划的最优解。数学模型一般形式表示为

$$(\min)\ \max z = c_1x_1 + c_2x_2 + \cdots + c_nx_n \tag{6-3}$$

$$\begin{cases} a_{11}x_1 + a_{12}x_2 + \cdots + a_{1n}x_n \leqslant (=, \geqslant)\ b_1 \\ a_{21}x_1 + a_{22}x_2 + \cdots + a_{2n}x_n \leqslant (=, \geqslant)\ b_2 \\ \vdots \\ a_{m1}x_1 + a_{m2}x_2 + \cdots + a_{mn}x_n \leqslant (=, \geqslant)\ b_m \\ x_1, x_2, \cdots, x_n \geqslant 0 \end{cases} \tag{6-4}$$

在该模型中，式（6-3）为目标函数，式（6-4）为约束条件。c_n、a_{ij}分别表示目标函数和约束条件的系数；b_m为常数项。求解线性规划可通过图解法、单纯形法、线性规划模型等方法。

1）图解法。

简单的线性规划问题（只有两个决策变量的线性规划问题），可以通过图解法进行求解（王开荣等，2012）。

下面由例题具体给出求解的方法。

【例题】用图解法求解线性规划问题。

$$\max z=4x_1+3x_2 \tag{6-5}$$

$$\text{s. t.}\begin{cases}2x_1+2x_2\leqslant 1600\\5x_1+2.5x_2\leqslant 2500\\x_1\leqslant 400\\x_1,\ x_2\geqslant 0\end{cases} \tag{6-6}$$

解：对于上述具有两个变量的线性规划问题，图 6-1 的阴影部分描述了满足约束条件的区域，为 *OABCD*，虚线为目标函数 $z=4x_1+3x_2$ 的等值线。沿箭头方向移动目标函数的等值线，平移等值线直至与可行域 *OABCD* 相切或融合为一条直线，此时就得到最优解为 *B* 点，其坐标可通过解方程组得到：$x_1=200$，$x_2=600$。这就是本线性规划问题的最优解。此时相应的目标函数的最大值等于 2600。

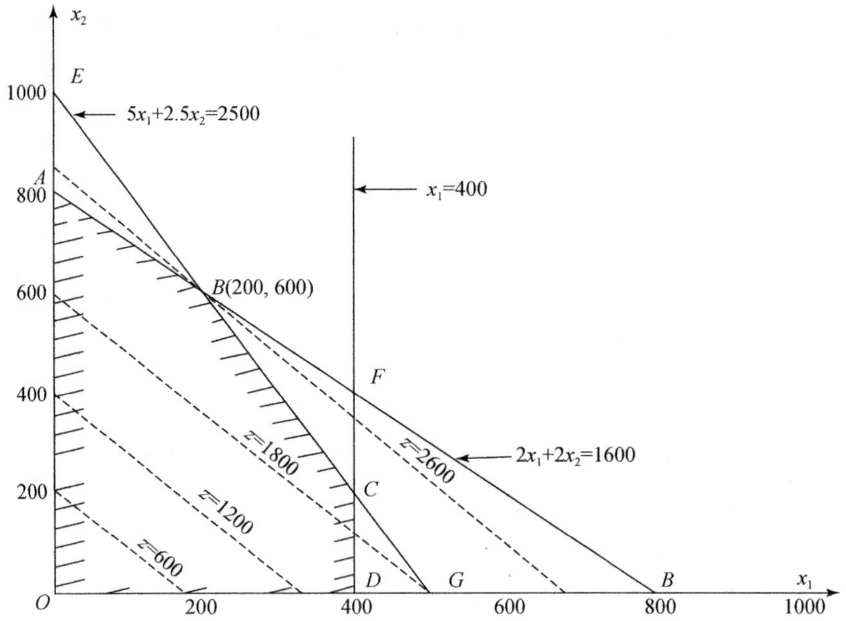

图 6-1　线性规划图解法

2）单纯形法。

对于含有多个决策变量的复杂线性规划问题，图解法不再适用。这时可以利用单纯形法求解线性规划问题。

单纯形算法的基本思路：根据问题的标准型，从可行域中某个基本可行解（顶点）开始，转换到另一个基本可行解（顶点），并使得每次的转换，目标函数值均有所改善，直至最终达到最大值时就得到最优解。

单纯形法的一般解题步骤可归纳如下：

首先，制作单纯形表。

第一步，把原线性规划问题转化为标准形式。转化步骤如下：①目标函数为求最小值，即求 $\min z$ 等价于求 $\max -z$，令 $z^* = -z$，即化为 $\max z^*$。②右端项 $b_i<0$ 时，只需将等式或不等式两端同乘-1，则该右端项必大于零。③如果约束条件为不等式 $a_{i1}x_1+a_{i2}x_2+\cdots+a_{in}x_n \leqslant b_i$，则可通过引入松弛变量 $x_{n+i} \geqslant 0$，将不等式化为 $a_{i1}x_1+a_{i2}x_2+\cdots+a_{in}x_n+x_{n+i}=b_i$，这样将不等式转化为了等式；如果约束条件为 $a_{i1}x_1+a_{i2}x_2+\cdots+a_{in}x_n \geqslant b_i$，则引入剩余变量 $x_{n+i} \geqslant 0$，将不等式化为 $a_{i1}x_1+a_{i2}x_2+\cdots+a_{in}x_n-x_{n+i}=b_i$。④决策变量无非负约束，设 x_j 没有非负约束。若 $x_j \leqslant 0$，可令 $y=-x_j$，则 $y \geqslant 0$；若 x_j 为自由变量，即 x_j 可为任意实数，可令 $x_j=y_i-y_j$，且 y_i，$y_j \geqslant 0$。x_j 的符号取决于 y_i 和 y_j 的大小。

第二步，找出初始可行基，通常取约束方程组系数矩阵中的单位矩阵。

第三步，目标函数非基化。

第四步，制作初始单纯形表。

然后，判定最优解。

$$\sigma_j = c_j - z_j = c_j - \sum_{i=1}^{m} c_i a_{ij} \tag{6-7}$$

式中，σ_j 为检验数。

若所有检验数都是非正数，即 $\sigma_j \leqslant 0$（$j=1, 2, \cdots, n$），则此时线性规划问题可取得最优解。若存在某个检验数是正数，即 $\sigma_j>0$，而所对应的列矢量无正分量，则线性规划问题无最优解。

如果以上两条都不满足，则进行第三步。

最后，换基迭代。

第一步，找到最大正检验数 σ_k，并确定 σ_k 所在列的非基变量 x_k 为进基变量。

第二步，对最大正检验数σ_k所在列实施最小比值法，确定出主元，并把主元加上小括号。主元是最大正检验数σ_k所在列，用常数项 b_i 与进基变量x_k所对应的列矢量中正分量的比值b_e/a_{ek}最小者。

第三步，换基。用进基变量x_k替换出基变量x_e，从而得到新的基变量，也就是主元所在列的非基变量进基，所在行的基变量出基。

第四步，利用矩阵的行初等变换，将主元变为1，其所在列的其他元素都变为0，从此得到新的单纯形表。

第五步，回到第二步，继续判定最优解是否存在，然后进行新一轮换基迭代，直到问题得到解决为止。

3）线性规划模型。

在环境资源领域同样可以引进线性规划模型对环境资源价值进行计量。线性规划模型应用于环境资源价值计量具体步骤：

第一步，建立线性规划模型，并提出其对称的对偶问题。

对偶问题的提出不仅给出了对偶变量的经济含义，而且通过线性规划对偶问题最优解确定影子价格（shadow price），将有助于正确反映资源稀缺程度，为资源的合理配置及有效利用提供正确的价格信号和价值计量尺度。对偶问题的特点：①目标函数在一个问题中是求最大值，在另一问题中则为求最小值；②一个问题中目标函数的系数是另一个问题中约束条件的右端项；③一个问题中的约束条件个数等于另一个问题中的变量数；④原问题的约束系数矩阵与对偶问题的约束系数矩阵互为转置矩阵。一般线性规划问题的对偶问题：

$$\min z = c_1x_1 + c_2x_2 + \cdots + c_nx_n \tag{6-8}$$

$$\begin{cases} a_{11}x_1 + a_{12}x_2 + \cdots + a_{1n}x_n \leqslant (=, \geqslant)\ b_1 \\ a_{21}x_1 + a_{22}x_2 + \cdots + a_{2n}x_n \leqslant (=, \geqslant)\ b_2 \\ \vdots \\ a_{m1}x_1 + a_{m2}x_2 + \cdots + a_{mn}x_n \leqslant (=, \geqslant)\ b_m \\ x_1, x_2, \cdots, x_n \geqslant 0\ (\leqslant 0，\text{或符号不限}) \end{cases} \tag{6-9}$$

$$\Downarrow$$

$$\max z = b\,y_1 + b_2 y_2 + \cdots + b_m y_m \tag{6-10}$$

$$\begin{cases} a_{11}y_1 + a_{21}y_2 + \cdots + a_{m1}y_m \leqslant (\geqslant, =)\ c_1 \\ a_{12}y_1 + a_{22}y_2 + \cdots + a_{m2}y_m \leqslant (\geqslant, =)\ c_2 \\ \vdots \\ a_{1n}y_1 + a_{2n}xy_2 + \cdots + a_{mn}y_m \leqslant (\geqslant, =)\ c_n \\ y_1, y_2, \cdots, y_m \leqslant 0\ (\text{符号不限，或} \geqslant 0) \end{cases} \tag{6-11}$$

第二步，依据线性规划对偶理论与影子价格的关系，求得对偶问题的最优解（环境资源的影子价格），并合理阐明线性规划中影子价格的经济含义，据此对环境资源价值进行计量，使管理者更好地分配资源，制定计划、政策等。

对偶问题是资源定价问题，对偶问题的最优解y_1，y_2，…，y_m称为 m 种资源的影子价格。线性规划模型中的影子价格，从数学意义上讲，是原线性规划对偶问题的最优解，从经济学意义上讲，就是针对收益最大的产品生产安排，对资源进行一种价格估计。它是在一定的技术水平条件下，单位资源所能获得的最大效用，反映了资源的稀缺性和效用价值。影子价格大于零，表示资源稀缺，稀缺程度越大影子价格越大。

可见，线性规划模型为解决环境资源价值计量开拓了新的途径。通过求解线性规划模型最优解获得的环境资源的影子价格，可以在会计核算系统中计量，反映环境资源价值，给管理者和决策者提供规划制定的相关信息，并对现行规划进行定量评估。

（4）模拟模型预测

模拟模型预测包括交互影响模拟技术法、数字模拟仿真法。在实际的预测工作中，可根据规划的实际情况选择恰当的方法，亦可诸种方法同时运用，以相互印证预测的结果。

6.2.1.2 方案可行性评估方法

规划方案的可行性评估主要是对该方案的技术、政治、经济、行政等方面的可行性进行评估（贠杰和杨诚虎，2006）。

（1）经济可行性评估

政策或者规划大多具有经济上的效果或者需要资源投入，因此经济可行性评估就构成了规划评估的重要标准之一。经济可行性既指一项规划方案的执行能获得财政资源的充分支持，也指规划方案的执行能获得令人满意的经济效益或效率。对规划方案进行经济可行性评估的方法主要有净现值评估、成本-收益分析及敏感性分析。成本-收益分析将在规划效果评价中详细论述。

敏感性分析又称灵敏度分析，其含义是，在一个多变量组成的系统中，假定其他变量不变，只对一个变量取不同数值，以发现什么变量（在什么区域内）对规划结果的作用最为关键。敏感性分析的目的是预见规划执行中的主要困难，为重点防范执行的意外情况提供建议。

净现值是一项执行方案所产生的未来现金流的折现值与项目投资成本之间的差值。净现值法是评价投资方案的一种方法。该方法利用净现金效益量的总现值与净现金投资量算出净现值，然后根据净现值的大小来评价规划方案。净现值为正值，规划方案是可以接受的；净现值为负值，从理论上来讲，规划方案是不可接受的，但是从实际操纵层面来说这也许会跟政府当局的战略性决策有关，如这类规划方案是为了支持其他的项目，寻找更多的机会以获得更大的利润。当然净现值越大，方案越好。净现值法是一种比较科学也比较简便的备选方案评价方法。净现值的计算公式为净现值=未来报酬总现值-建设投资总额，即

$$\mathrm{NPV} = \sum_{t=1}^{n} \frac{C_t}{(1+r)^t} - C_0 \tag{6-12}$$

式中，NPV 为净现值；C_0为初始投入；C_t为 t 年现金流量；r 为折现率；n 为投资项目的寿命周期。

（2）政治可行性评估

一项规划是政治过程的输出或产品，因此其必须具备政治可行性。尽管政治可行性评估没有公认的方法，也基本上没有量化的标准，但评估者不能

因此而忽视这项工作。首先，由于绝大多数规划都涉及“谁受益、谁受损”问题，因而评估者需要考量规划实行的公平性，即弄清楚规划实施增加了谁的福利，损害了谁的利益。其次，评估者还需要考虑规划工程中来自“人”的有利的和不利的因素。

（3）技术可行性评估

技术可行性评估是测量规划方案的结果能否达到预期目标。技术可行性包括两层含义：其一，现有的技术或者方法能否使目标的实现成为可能；其二，规划方案（在技术上）能够在多大程度上实现目标。尽管技术可行性评估直截了当，且在多数情况下可进行量化处理，但在实际评估过程中，技术可行性评估仍是一件相当复杂的工作。

技术可行性的一个主要标准是有效性或者效能，其焦点是规划方案能否取得预期效果，它所关心的主要问题包括规划方案在何种程度上能够实现预期目标？现实世界出现的变化是该规划行动引起的，还是其他因素引起的？有时一项规划的有效性是合理而且具体的，对其测量也较为容易，但对大部分规划方案而言，有效性测量会遭遇测量方法上的困难。因此，在进行技术可行性评估时，要先明确“测量的是什么？”这一问题，而不是优先考虑测量能力问题，即“什么东西能测量”“什么东西不能测量”。

6.2.2 规划执行过程评估方法

规划执行过程评估方法主要包括社会审计（social auditing）、社会系统核算（social system accounting）、社会实验（society experimenting）和综合实例研究（social research and practice synthesis）四种，这些方法可从控制类型和所需信息类型两方面进行比较，如表 6-1 所示。

表 6-1 四种规划执行过程评估方法对比

监测方式（评估方法）	控制类型	所需信息类型
社会审计	定量	任何可获得的/最新信息

续表

监测方式（评估方法）	控制类型	所需信息类型
社会系统核算	直接控制和定量	最新信息
社会实验	定量和/或定性	最新信息
综合实例研究	定量和/或定性	可获得的信息

（1）社会审计

社会审计是评估规划实施过程的主要方法，目前已为世界各国政府、非政府组织、私人机构及众多的国际组织所采用。社会审计力图清楚地监测规划投入、过程、产出及其影响之间的关系，其目的是试图跟踪资源投入，从开始投资到资源被接收，资源的目标群体感受到为止。社会审计之所以能够成为评估执行过程的主要方法，是因为它能够为评估者提供规划实施“黑箱”内部的信息，帮助评估者确定规划结果到底是投入不足导致的，还是资源或服务偏离了预定目标群体或受益者引起的。

（2）社会系统核算

社会系统核算是对主观或者客观社会状况变化进行监测评估的一种量化方法，在规划评估实践中被各国政府及许多国际组织广泛使用。社会系统核算的主要分析因素是社会指标（social indicators），所谓社会指标，就是衡量总体各个部分随时间变化及社会状况的统计量。

（3）社会实验

社会实验是在非真实实验情况下运用实验的逻辑，系统控制规划行为、观察规划产出的过程。社会实验一般是通过项目组内不同类型规划行为之间的差别来获得关于规划结果变化源头问题的答案，寻找解决社会问题的途径。

（4）综合实例研究

综合实例研究是一种对规划执行过程和结果进行系统整理、对比和评价的方法。综合实例研究的信息来源主要有两个：一是有关规划形成与执行的案例调查分析；二是阐述规划行为和结果关系的研究报告。作为规划执行过程的一种监测、评估方式，综合实例研究的优点是能够对规划过程的总结提供支持相同或类似案例的依据；能够有效地整理、评估规划执行案例和研究报告；能够有效地考察主观和客观的社会状况。但也要看到这种方法的局限性：案例经常是“报喜不报忧”，以及案例的研究报告质量不高，因而相关规划执行信息的可靠性与有效性令人怀疑。

6.2.3 规划实施效果评估方法

6.2.3.1 社会调查法

社会调查法是有目的、有计划、有系统地搜集有关研究对象社会现实状况或历史状况材料的方法。社会调查方法是研究性学习专题研究中常用的基本研究方法，它综合运用历史研究法、观察研究法等方法，以及访谈、问卷调查、个案研究、测验或实验等科学方式，对有关社会现象进行有计划的、周密的、系统的了解，并对调查搜集到的大量资料进行分析、综合、比较、归纳，借以发现存在的社会问题，探索有关规律的研究方法。社会调查法的具体种类很多，常用的社会调查法，根据调查对象分为公众调查法、专家调查法等；根据调查方式分为访谈法、问卷调查法等。实际工作中，常常采用一些混合的调查方法，如将专家调查法与问卷调查法结合起来。随着互联网技术的发展，网民数量急剧增加，网络调查应运而生，并有了相当程度的应用。在欧美等互联网发达的国家和地区，关于市场和民意的网络调查已相当普遍，国外也已经开发出了针对网上调查的软件，并开始探讨用网络实施常规的统计调查。国内的网络调查将会成为调查的一种主流形式。利用互联网进行社会调查可以分为网络问卷调查法、网络访谈法、网络观察法、网络文献法（赵淑兰，2011）。

社会调查的主要目的在于收集充分的一手数据以解决研究的问题。研究方法服从和服务于理论研究，针对不同的研究问题，应该采取不同的研究方法。一个比较完整的研究方法体系包括定性研究与定量研究，它们可以解决不同的问题，但有时候由于研究问题的复杂性，学者很可能结合这两种方法进行研究，如在资源与能力理论中，资源、能力、知识、惯例等关键性变量具有难以测量性，同时又要检验理论假设，这就迫使一些学者综合采取多种方法进行研究。这种定性研究与定量研究近年来得到了一些管理学者的采纳。一个完整的社会调查方法体系大致可以通过以下框架来概括：文献调查法、问卷调查法、专家讨论法、访谈法、参与式观察法、实验观察法、现场观察法。

（1）社会调查方案的基本内容

社会调查总体方案的设计要详尽、周密，其基本内容主要包括以下几点。

1）说明调查研究的题目和解释概念。

社会调查总体方案要开宗明义说明调查什么问题，为什么选择这个题目，研究这个问题有什么实际意义和科学价值。然后对题目和研究假设中所涉及的概念进行严格的界定和明确的解释。

2）确定调查对象和范围。

社会调查总体方案必须明确调查对象和范围。明确调查对象，即确定调查研究的基本单位是个人、群体还是组织等；明确调查范围就是要说明在什么地区、社区或城市等多大地域内进行调查。

3）确定调查项目和社会调查表。

确定调查项目，即明确要调查的具体内容，它是指要收集哪些具体问题的资料。调查项目一般通过指标反映出来，所以确定调查项目就要依据调查内容设计一套科学的指标体系，然后再设计出反映调查指标的表格、问卷等。

4）确定调查方式和收集、分析资料的方法。

根据调查研究课题的需要及人力、物力等客观条件，确定采取普查，还是典型调查或抽样调查的方式；是采取问卷调查法，还是访谈法或观察法等收集资料的方法；是采用统计分析，还是采用典型案例分析或定性描述分析等分析资料的方法。在一项社会调查中，可以采取一种方式和方法，一般较多采取以一种方式和方法为主，以其他方式和方法为辅的做法。综合使用不同方式和方法有利于材料的收集。

5）确定调查的时间步骤。

调查时间包括调查时期与时点，前者指调查工作何时开始，何时结束；

后者指调查哪一确定时期的社会情况。不同的调查课题，有不同的最佳调查时间，如人口调查的最佳时间，是人口流动最少的时期；农贸市场调查的最佳时间，是市场交易最活跃的时间等，所以必须根据调查的目的与要求选择调查时间。之后，要制定一个每一具体步骤所需时间的进度表，以控制整个研究活动的进程。

6）确定调查经费和调查工具。

调查经费一般包括差旅费、课题资料费、调查表格印刷费、资料处理费（包括计算机使用费）等。调查工具主要指收集整理资料的手段，如交通工具、信息联络工具及照相机、录音机、录像机、计算机、手工汇总资料的汇总卡片、汇总表格等。调查预算和使用及收集资料的物质手段都必须在调查研究方案中进行计划和安排。

7）确定调查机构和队伍。

调查机构和队伍主要是确定该项社会调查组织领导系统和调查人员的选择、培训方式。一般可采用设立调查委员会、领导小组、办公室、调查中心等组织形式，然后根据调查任务的需要，确定调查人员的人选和培训方式。培训方式一般有系统讲授社会调查的基本知识；事先进行模拟调查或现场实习，由研究人员讲解和示范；由研究人员带队，在实地调查中边工作边实习等。

社会调查总体方案通常要写成书面规划，并且要简明扼要。

（2）制定调查总体方案的原则

为了使调查方案切实可行，制定方案时必须遵循以下几条基本原则。

1）完整性原则。

设计调查总体方案必须做到完整、周密，要对社会调查中有可能出现的问题有所预料，并能事先提出解决的办法。只有这样才能在实际调查中给调查人员以具体指导。

2）可行性原则。

设计调查方案必须从实际出发，使制定的方案切实可行。要根据调查人员自身的业务水平、调研能力及个人兴趣，设计调查课题、确定调查内容和范围，使调查者能够胜任调查工作。

3）时效性原则。

设计调查方案必须充分考虑时间效果，特别是一些应用性课题往往具有很强的时效性。如果时间拖得过长，便会失去调查研究的社会指导意义，大大降低调查成果的社会价值。所以只有坚持时效性原则，才能使社会调查适应瞬息万变的现代社会发展的客观需要。

4）经济性原则。

设计调查方案要尽量节约人力、物力和财力，力争用最小的人力、财力、物力和时间，取得最大的调查效果。

应当指出的是，并非任何调查都只设计一套调查方案，一些规模较大的课题往往要设计几套不同的方案，经过可行性研究之后，再从中筛选出最佳方案作为调查工作的实施方案。

（3）调查总体方案的可行性研究

可行性研究是科学决策的必经阶段，也是科学设计调查方案的必要步骤。对调查方案进行可行性研究有多种方法，其中试验调查具有最重要的意义。

1）试验调查及目的。

为了使调查总体方案的设计更符合实际、切实可行，在正式调查之前，应进行试验调查。所谓试验调查，就是选择试点，完全按照方案进行一次彩排式调查，并根据试验调查的结果来修改和完善调查方案。

试验调查的目的，是检查调查的题目是否恰当、调查指标的设计是否正确、调查步骤的安排是否合理、调查人员的能力是否适应等。这就是说，试验调查的主要目的既不是收集资料，也不是解决调查所要解决的问题，而是对设计的调查方案本身进行可行性研究。

2）试验调查实施应注意的问题。

试验调查同样是一种科学研究活动，它具有特殊的活动规律。实施试验调查时，应注意以下几个问题。

其一，选择适当的调查对象。试验调查的对象要力求规模小，数量少、类型多、代表性强。要尽量在保持调查对象的自然状态下进行试验调查，保证试验调查目的的实现。

其二，进行多试点的对比调查。试验调查不应只在一个点上试验，可以采取同一调查方案的多点调查对比、重复对比，也可以采取不同方案多点对比、先后对比或交叉对比。这是对一调查方案进行可行性研究的有效方法。

其三，采用灵活的调查方法。试验调查既然是“试验”，就应当采取灵活的方法去进行调查。例如，在调查中，问卷调查法不适合，可改为访谈法；集体访谈不成功，可改用个别访谈；调查指标的设计不适用，可按照实际情况进行修改；安排的调查日程不合理，就依据实际需要调整等。总之，通过试验达到选择恰当调查方法的目的。

其四，组织精干的调查队伍。

组织精干的调查队伍，尤其是调查研究任务的领导者、组织者和调查方案的设计者必须亲自参加试验调查，以便及时发现和解决调查方案中的问题，积累和总结实地调查的经验。

其五，做好试验调查的总结工作。试验调查结束后，要经过集体讨论和研究，认真分析试验调查的结果，找出成败得失的主客观原因，据此修改和完善原设计调查方案，使其成为切实可行的社会调查研究的行动纲领。

（4）主要社会调查方法

1）问卷调查法。

问卷调查是社会调查中用来收集资料的工具，一种类似于体温表、测力器、磅秤、米尺的工具。问卷是调查研究中用来收集资料的主要工具，它在形式上是一份精心设计的表格，其用途则是用来测量人们的行为、态度和社会特征。

问卷设计的原则。在某种意义上，问卷设计原则的重要性并不亚于具体方法的介绍。问卷设计原则有适合性原则、有效性原则、可行性原则。

问卷设计的步骤如下。第一步，初步探索。要设计一份调查问卷，第一步工作并不是马上动手去列调查的问题，而是要先做一定的探索性工作。即先摸底，熟悉和了解一些基本的情况，以便对各种问题的提法和可能的回答有一个初步的认识。第二步，设计问卷初稿。完成探索性工作后，开始设计问卷初稿，具体做法有两种：一是卡片法；二是框图法。第三步，试用和修改。问卷初稿设计好后，不能直接将其用于正式调查，而必须对问卷初稿进行试用和修改。试用这一步在问卷设计的过程中至关重要，对于大型调查来说更是必不可少。试用问卷初稿的具体方法有两种：一是客观检验法；二是主观评价法。检查和分析的方面有：回收率、有效回收率、填写错误、填答不完全。

问卷问题设计的形式。①填空式，即在问题后画一短横线，让回答者直接在空白处填写。填空式一般只用于那些对回答者来说既容易回答，又容易填写，通常只需填写数字的问题。例如，年龄、家庭人口、收入等。②是否式，即问题的答案只有是和不是（或其他肯定形式和否定形式）两种。回答者根据自己的情况选择其一。③多项选择式，即给出的答案至少在两个以上，回答者根据自己的情况选择其一。这是各种调查问卷中采用得最多的一种问题形式。④矩阵式，即一种将同一类型的若干个问题集中在一起，构成一个问题的表达方式。矩阵式的优点是节省问卷的篇幅，同时同类问题集中在一起，回答方式也相同，因此也节省了回答者阅读和填写的时间。⑤表格式，表格式其实是矩阵式的一种变体，其形式与矩阵式十分相似。表格式问题除了具有矩阵式的特点外，还显得更为整齐、醒目。但是应当注意的是，矩阵式和表格式虽然具有简单集中的优点，但也容易使人产生呆板、单调的感觉。在一份问卷中矩阵式和表格式问题不宜太多。

问题设计时的要求。问题要简短、准确，避免双重提问，提问避免带有倾向性和诱导性，不要直接提具有敏感性或威胁性的问题，问题不得超出回答者的能力，以及问题中不要用抽象的概念。一份问卷应该包括多少个问题，这要依据调查的内容、样本的性质、分析的方法，以及拥有的人力、财力和时间等各种因素来决定，没有固定的标准。但一般来说，问卷不宜太长，以回答者在 20 分钟以内完成为宜，最多不要超过 30 分钟。社会调查中大多数问卷主要由封闭式问题构成，而答案又是封闭式问题非常重要的一部分，因此答案设计得好坏直接影响调查的成功与否。答案的设计除了要与所提的问题协调一致以外，还要特别注意做到使答案具有穷尽性和互斥性。

2）访谈法。

访谈法就是以有目的、有计划、有方向的口头交谈方式向被调查者了解社会事实的方法。

访谈法的类型：①结构式访谈，又称为标准式访谈。结构式访谈的主要特点是访谈者必须依据事先设计好的标准化问卷或访谈调查表进行访谈，尽量避免个人的自由发挥；统一规定访谈方式、访谈内容和记录方式。②半结构式访谈。半结构式访谈就是非标准话的访谈，即不严格要求问题统一、提问方式统一和答案记录统一的访谈方法。③个别访谈。个别访谈是对访谈对象逐一单独访谈的方式。④集体访谈。集体访谈是访谈者在一次访谈中同时与多个访谈对象进行交谈的方式。⑤当面访谈。当面访谈的基本做法是，研究者先选择和培训一组调查员，由这组调查员携带着调查问卷分赴各个调查地点，按照调查方案和调查计划的要求，与所选择的被调查者进行访问和交谈，并按照问卷的格式和要求记录被调查者的各种回答。在访谈中，调查员严格依据调查问卷提出问题，并严格按照问卷中问题的顺序来提问，调查员不能随意改变问题的顺序和提法，也不能随意对问题作出解释。答案的记录也完全按问卷的要求和规定进行。⑥电话访谈。在美国及其他发达国家，电话访谈也是一种可采用的资料收集方式。

3）观察法。

观察法是指观察者带有明确的目的，用自己的感觉器官及其辅助工具直接地、有针对性地收集资料的调查研究方法。与日常观察相比，观察法具有以下几个特点：①观察法是观察者有目的、有计划的观察；②观察法是系统的观察；③观察法是在一定理论指导下的观察；④观察法是借助一定观察工具进行的观察；⑤观察法是对当前正在发生的、处于自然状态下的社会现象的观察。

观察法的类型。观察法的方式是多种多样的，从不同的角度，观察法可以分成不同的类型。本书只对以下几种主要的类型进行介绍。

其一，参与观察与非参与观察。依据观察者是否参与被观察对象的活动，观察可分为参与观察与非参与观察。参与观察就是观察者参与到被观察者的环境中，成为被观察对象所在的群体中的一名成员，并参与日常活动的一种观察。这种观察法，会使被观察对象把观察者视为自己人，对观察者不存戒心。观察者通过与被观察者共同活动，从被观察者对象的活动中观察到一些可靠的资料和信息。非参与观察是指观察者以局外人的身份，从侧面对观察对象进行观察。观察者处于旁观者的角色，只是观察、记录被观察者的活动过程。这种非参与观察不影响被观察者的行为和语言。例如，学生利用假期到工厂、农村参观，了解工厂、农村的生产情况和工人、农民的生活变化情况；教育科学工作者或校长为了解学生的学习情况，进入学生课堂进行观察等，就属于非参与观察。非参与观察法，可以使用现代科学仪器和观察工具，如录音、录像、望远镜等。

其二，有结构观察和无结构观察。依据观察内容是否有统一设计的结构性观察项目和要求，观察可分为有结构观察和无结构性观察。有结构观察又称有控制调查，有结构观察是指观察者根据观察目的，制定出研究的理论框架，按照详细的规定和计划，采用标准的观察程序和手段进行的观察。无结构观察又称无控制调查，无结构观察是一种大致确定观察内容和观察对象的方法。无结构观察没有严格的观察计划，观察提纲结构比较松散，观察标准化程度较低，观察的问题结构性不强。无结构观察一般对所要研究的对象不太了解，也没有明确的理论框架。实施观察的方法也比较灵活，通常只确定研究的目的和任务及观察的主要对象。无结构观察对观察的步骤只进行粗略的设想。无结构观察一般在自然场所进行，但也有少数是在实验室进行的。

其三，直接观察和间接观察。依据观察者是否通过感官直接感知外部事物，观察可分为直接观察和间接观察。直接观察，就是观察者直接运用自己的眼、耳、鼻、手、舌等感知器官，通过感知认识活动，直接感知要观察的外部事物，这种观察带有一定的真情实感。但观察者认识事物的能力有别，并带有主观见解，所以观察的结果往往因人而异。间接观察，不是观察者直接运用自己的感知器官感知要观察的外部事物，而是通过观察与被观察事物有关的事物和被观察事物的行为后果，观察要观察的外部事物。例如，通过一个人的工作成就或他使用过的东西、穿的衣服等，来获取关于该人的观察资料。

作为社会调查的重要方法之一，观察法有很多优点，但也存在一些不足。因此，它最好与其他方法配合使用，互相补充，以求取得好的调查研究成果。

4）文献法。

文献法是指根据一定的目的和题目进行相关文献资料收集的社会调查方法。文献法的主要对象是文献。文献有广义和狭义之分。狭义的文献是指用文字和数字记载的资料；广义的文献是指一切文字和非文字资料。文献有三个基本要素：①要记录一定的知识内容，没有记录任何知识的物体，如空白纸、空白磁带等，就不是文献；②要有物质载体，人头脑中的知识，以及口头传达的知识都不能称为文献；③要有一定的记录手段，如文字、图像、符号、声频、视频等。

对于文献，从不同的角度可以有不同的划分方法。本书列举两种常见的分类方法。

第一种，根据文献存在的形式分类。文献可划分为以下四种类型：①文字文献。文字文献主要指用文字记录的资料，它是最广泛的文献形式。文字文献主要包括公开发行的报纸、杂志、书籍、档案、日记和其他大量油印、打印材料。②数字文献。数字文献主要指各种统计报表，它主要用于各种社会现象的定量分析，如统计年鉴。统计报表是我国从中央到地方的一种统计制度。③有声文献。有声文献是指用声音反映的文献，如录音带、唱片等。④图像文献。图像文献能立体形象地反映过去某一社会现象的情况，具体指录像、照相、图片。

第二种，根据文献资料性质分类。文献资料可划分为以下两种类型：①第一手资料。第一手资料又称原始资料，是研究者没有经过中介环节而获得的文献，是来源于事情发生现场的资料，是通过直接的观察、实验得来的文献。②第二手资料。第二手资料是指对一些文献进行加工整理，通过中介获得的文献。第二手资料与第一手资料相比，是一种较为整齐、系统的文献，它在社会调查中利用率很高。

6.2.3.2 定量化评估方法

在进行规划的社会、经济影响评估中，采用的定量化评估方法主要包括统计分析法、模糊综合评价法、线性规划法、层次分析法、数据包络分析法和逼近理想解排序法。多指标综合评估方法是各类评估活动中一个比较简便有效和常用的定量方法，它通过一组指标，分别从不同方面来评估一个对象（通常称为各指标评分），最后再根据各指标的权重将这些指标评估结果进行综合，形成对该对象的综合评估（通常称为总分）。该方法涉及的指标可以是定量指标，也可以是定性指标，前者需要归一化和无量纲化，后者需要量化，量化方法一般为指标分档打分。综合评估方法大体分为四大类：①专家评价方法，如专家打分综合法；②运筹学和其他数学方法，如层次分析法、数据包络分析方法、模糊综合评价法；③新型评价方法，如人工 BP 神经网络法、灰色综合评价法；④混合方法，指几种方法混合使用的情况，如层次分析法+模糊综合评价法。

（1）层次分析法

层次分析法是美国运筹学家托马斯·萨蒂于 20 世纪 70 年代提出的一种多目标、多准则、定性与定量相结合的决策系统分析方法。层次分析法具有系统、简洁、灵活的特点。层次分析法首先把复杂的问题划分成几个重要的因素，通过划分相互联系的有序层次使之条理化；然后根据对相关客观现实的判断每一层次相互联系的重要性定量表示，确定其权重；最后根据得出的结论进行分析，解决实际问题。层次分析法有很多优点，其中最重要的一点就是简单明了。层次分析法不仅适用于存在不确定性和主观信息的情况，还允许以合乎逻辑的方式运用经验、洞察力和直觉。层次分析法最大的优点是提出了层次本身，它使得买方能够认真地考虑和衡量指标的相对重要性。该方法大致包括以下几个步骤（黄旬，2009）。

1）建立递阶层次结构。

建立递阶层次结构前需要对问题有比较明确的认识，包括弄清问题范围、所包含的因素及相互关系、解决问题的目的等。一般而言，问题的层次可划分为三层，本书将层次结构划分成物种优先保护目标层、三个系统层及其相应的指标层。

2）构造判断矩阵。

针对上一层次某元素，对每一层次各个元素的相对重要性进行两两比较给出判断矩阵。在建立递阶层次结构后，上、下层次之间的隶属关系基本确定的基础上构造判断矩阵。假定上一层次元素 E 支配下一层次元素为 A_1，A_2，…，A_n，则按它们对于准则 E 的相对重要性赋予 A_1，A_2，…，A_n相应的权重。n 个被比较的元素两两比较构成了判断矩阵 $\boldsymbol{S}=(s_{ij})_{n\times n}$。其中，$s_{ij}$就是元素 A_i与 A_j相对于 E 的重要性的比例标度值，这一步是通过专家咨询法进行的。元素s_{ij}的取值方式如表 6-2 所示。

表 6-2　元素 s_{ij}的取值方式

元素（s_{ij}）	定义	说明
1	同样重要	对 E 而言，A_i和 A_j同样重要
3	稍为重要	对 E 而言，A_i比 A_j稍为重要
5	明显重要	对 E 而言，A_i比 A_j明显重要
7	强烈重要	对 E 而言，A_i比 A_j强烈重要
9	极端重要	对 E 而言，A_i的主导地位占绝对优势
2、4、6、8	上述相邻判断的中间值	表示需要在上述 2 个标度间的折中定量标度
倒数	满足正负反性	若元素 A_i与 A_j重要性之比为 s_{ij}，则 A_j与 A_i的重要性之比为 $s_{ji}=1/s_{ij}$

3）单一准则下元素相对权重的计算。

确定权重的过程叫层次单排序。根据 n 个元素对系统层 B 的判断矩阵 $\boldsymbol{S}$，求出它们对于 B 的相对权重值（w_1，w_2，…，w_n），并对判断矩阵 $\boldsymbol{S}$ 的一致性进行。相对权重的计算采用方根法，将判断矩阵 $\boldsymbol{S}$ 的各个矢量采用几何平均，然后归一化得到的列矢量就是权重矢量，计算公式为

$$\boldsymbol{w}_i=\frac{\sqrt[n]{\prod_{j=1}^{n}s_{ij}}}{\sum_{k=1}^{n}\sqrt[n]{\prod_{j=1}^{n}s_{kj}}}\quad (i=1,\ 2,\ \cdots,\ n) \tag{6-13}$$

计算单一准则排序权重向量时，还必须进行一致性检验。因为排序向量的计算方法是一种近似算法。当判断矩阵偏离一致性过大时，这种近似估计的可靠程度值得怀疑。因此，需要对判断矩阵的一致性进行检验。

首先，计算一致性指标 CI：

$$CI = \frac{\lambda_{max} - n}{n - 1} \quad 其中，\lambda_{max} = \sum_{i=1}^{n} \frac{(SW)_i}{n w_i} \tag{6-14}$$

式中，λ_{max}为最大特征根；W 为（w_1，w_2，…，w_n）；$(SW)_i$ 表示矢量矩阵 $\boldsymbol{SW}$ 的第 i 个分量。

其次，查找相应的平均随机一致性指标 RI，见表 6-3。

表 6-3　平均随机一致性指标 RI 值

阶数	1	2	3	4	5	6	7	8	9
RI	0. 00	0. 00	0. 58	0. 90	1. 12	1. 24	1. 32	1. 41	1. 45

最后，计算一致性比例 CR= CI/RI。

当 CR<0. 10 时，认为判断矩阵具有满意的一致性；否则就对判断的结论产生置疑，需要对判断矩阵进行适当修正。对于一阶和二阶矩阵总是一致的，此时 CR=0。

4）层次总排序。

计算同一层次所有元素对于最高层次相对重要性的排序值，称为层次总排序。这一过程是从最高层次到最低层次逐层进行的。假设上一层次 A 包含 m 个元素 A_1，A_2，…，A_m，其层次总排序值分别为 a_1，a_2，…，a_m；下一层次 B 包含 n 个元素 B_1，B_2，…，B_n，它们对于元素 A_j的层次单排序权重分别为 b_{1j}，b_{2j}，…，b_{nj}（当 B_k与 A_j无关系时，$b_{kj}=0$）。B 层次总排序权重如表 6-4 所示。

表 6-4　*B* 层次总排序权值表

层次	A_1	A_2	…	A_m
	a_1	a_2	…	a_m
B_1	b_{11}	b_{12}	…	b_{1m}
B_2	B_{21}	B_{21}	…	B_{2m}
⋮	⋮	⋮	⋮	⋮
B_n	b_{n1}	B_{n2}	…	B_{nm}

其中，B 层总排序权重 w_i 计算公式为

$$w_i = \sum_{j=1}^{m} a_j b_{ij} \quad (i = 1, 2, \cdots, n) \tag{6-15}$$

5）层次总排序一致性检验。

层次总排序一致性检验也是从高到低逐层进行。如果 B 层次某些元素对于 A_j 单排序的一致性为 CI_j，相应的平均随机一致性指标为 RI_j，则 B 层次总排序随机一致性比率为

$$\mathrm{CR} = \frac{\sum_{j=1}^{m} w_j \mathrm{CI}_j}{\sum_{j=1}^{m} w_j \mathrm{RI}_j} \tag{6-16}$$

类似地，当 $\mathrm{CR}<0.10$ 时，认为层次总排序结果具有满意的一致性，否则需要重新调整判断矩阵的元素取值。

以植物濒危程度和优先保护评价指标体系构建为例，开展层次分析法的应用原理和步骤。

第一，系统层对于目标层的相对重要性判别。

各系统层（S）对于目标层（PC）的相对重要性判别和各系统层权重结果如表 6-5 所示。

表 6-5　PC-S 判断矩阵元素表

PC	S1	S2	S3	权重（w）
S1	1	5	3	0.636
S2	1/5	1	1/3	0.106
S3	1/3	3	1	0.258

进行一致性检验，求得：$\lambda_{\max}=3.04$，$\mathrm{CI}=0.02$，$\mathrm{RI}=0.58$，$\mathrm{CR}=0.035$。$\mathrm{CR}<0.1$，故层次单排序的结果具有满意的一致性。

第二，指标层对于系统层的相对重要性判别。

将各系统层（S）所控制的因素（I 层）相对重要性进行分析，并计算其权重，结果见表 6-6 ~ 表 6-8。

表 6-6　S1-*I* 判断矩阵元素表

S1	I1	I2	I3	I4	I5	I6	I7	I8	权重（*w*）
I1	1	1/2	1/5	1/2	1/3	3	2	2	0.084
I2	2	1	1/3	1	1/2	4	2	2	0.126
I3	5	3	1	4	3	5	4	4	0.339
I4	2	1	1/4	1	1/2	2	2	2	0.112
I5	3	2	1/3	2	1	3	2	2	0.166
I6	1/3	1/4	1/5	1/2	1/3	1	1/2	1/2	0.041
I7	1/2	1/2	1/4	1/2	1/2	2	1	1	0.066
I8	1/2	1/2	1/4	1/2	1/2	2	1	1	0.066

进行一致性检验，求得：$\lambda_{max}=8.319$，$CI=0.046$，$RI=1.41$，$CR=0.033$。$CR<0.1$，故层次单排序的结果具有满意的一致性。

表 6-7　S2-*I* 判断矩阵元素表

S2	I9	I10	I11	权重（*w*）
I9	1	2	2	0.493
I10	1/2	1	1/2	0.196
I11	1/2	2	1	0.311

进行一致性检验，求得：$\lambda_{max}=3.054$，$CI=0.027$，$RI=0.58$，$CR=0.047$。$CR<0.1$，故层次单排序的结果具有满意的一致性。

表 6-8　S3-*I* 判断矩阵元素表

S3	I12	I13	I14	I15	I16	权重（*w*）
I12	1	1	2	1/3	1/3	0.121
I13	1	1	2	1/3	1/3	0.121
I14	1/2	1/2	1	1/5	1/4	0.068
I15	3	3	5	1	2	0.400
I16	3	3	4	1/2	1	0.290

进行一致性检验，求得：λ_{max} = 5.063，CI = 0.016，RI = 1.12，CR = 0.014。CR<0.1，故层次单排序的结果具有满意的一致性。

第三，指标层对目标层合成排序。指标层对目标层合成排序的结果如表 6-9 所示。

表 6-9　指标层对目标层合成排序

指标层	S1 (w=0.636p_1)	S2 (w=0.106p_2)	S3 (w=0.258p_3)	合成权重 ($w=p_jw_i$)
I1	0.0837			0.053
I2	0.1261			0.080
I3	0.3387			0.216
I4	0.1116			0.071
I5	0.1660			0.106
I6	0.0412			0.026
I7	0.0663			0.042
I8	0.0663			0.042
I9		0.49339		0.052
I10		0.1958		0.021
I11		0.31081		0.033
I12			0.12058	0.031
I13			0.12058	0.031
I14			0.06781	0.018
I15			0.40065	0.103
I16			0.29038	0.075

进行一致性检验，可得：CR=0.029。CR<0.1，故层次总排序的结果具有满意的一致性。

（2）模糊综合评价法

模糊综合评价法是一种基于模糊数学的综合评价方法。该综合评价法根据模糊数学的隶属度理论把定性评价转化为定量评价，即用模糊数学对受多种因素制约的事物或对象进行一个总体的评价。它具有结果清晰，系统性强的特点，能较好地解决模糊的、难以量化的问题，适合各种非确定性问题的解决（曾睿，2010）。

为了便于描述，依据模糊数学的基本概念，对模糊综合评价法中有关术语的定义如下。

评价因素（F）。评价因素指对招标项目评议的具体内容（如价格、指标、参数、规范、性能和状况等）。为便于权重分配和评议，可以按评价因素的属性将评价因素分成若干类（如商务、技术、价格、伴随服务等），把每一类都视为单一评价因素，并称之为第一级评价因素（F_1）。第一级评价因素可以设置下属的第二级评价因素（F_2）（如第一级评价因素“商务”可以有下属的第二级评价因素：交货期、付款条件和付款方式等）。第二级评价因素可以设置下属的第三级评价因素（F_3）。依此类推。

评价因素值（F_v）。评价因素值指评价因素的具体值。例如，某投标人的某技术参数为120，那么该投标人的该评价因素值为120。

评价值（E）。评价值指评价因素的优劣程度。评价因素最优的评价值为1分（采用百分制时为100分）；欠优的评价因素，依据欠优的程度，其评价值大于或等于零、小于或等于1分（采用百分制时为100分），即$0 \leqslant E \leqslant 1$（采用百分制时$0 \leqslant E \leqslant 100$）。

平均评价值（E_p）。平均评价值指评价委员会成员对某评价因素评价的平均值。平均评价值（E_p）= 全体评价委员会成员的评价值之和÷评委数。

权重（W）。权重指评价因素的地位和重要程度。第一级评价因素的权重之和为1；每一个评价因素的下一级评价因素的权重之和为1。

加权平均评价值（E_{pw}）。加权评价值指加权后的平均评价值。加权平均评价值（E_{pw}）= 平均评价值（E_p）×权重（W）。

综合评价值（E_z）。综合评价值指同一级评价因素的加权平均评价值（E_{pw}）之和。综合评价值也是对应的上一级评价因素的值。

模糊综合评价法包括以下几个步骤。

第一步，确定评价对象的因素论域。p个评价指标：u_1，u_2，…，u_p，以河水质量问题为例，选择DO、BOD_5、COD、TP、氨氮作为河水环境质量评价因素集。

第二步，确定评价等级论域。$v=(v_1, v_2, \cdots, v_n)$，即等级集合。每一个等级可对应一个模糊子集。例如，总体环境质量划分为 5 个等级，即 $v=$（清洁，尚清洁，轻污染，中污染，重污染）。

第三步，建立模糊关系矩阵。在构造等级模糊子集后，逐个对被评事物从每个因素 u_i 上进行量化，即确定从单因素来看被评事物对等级模糊子集的隶属度（$\boldsymbol{R} \mid u_i$），进而得到模糊关系矩阵：

$$\boldsymbol{R}=\begin{bmatrix} \boldsymbol{R} \mid u_1 \\ \boldsymbol{R} \mid u_2 \\ \vdots \\ \boldsymbol{R} \mid u_p \end{bmatrix}=\begin{bmatrix} r_{11} & r_{12} & \cdots & r_{1n} \\ r_{21} & r_{22} & \cdots & r_{2n} \\ \vdots & \vdots & & \vdots \\ r_{p1} & r_{p2} & \cdots & r_{pn} \end{bmatrix}_{p \times n} \tag{6-17}$$

其中，矩阵 $\boldsymbol{R}$ 中第 i 行第 j 列元素表示某个被评事物从因素 u_i 来看对 v_j 等级模糊因子的隶属度。隶属度的计算式可以为

$$r_{ij}=\frac{c_{ij}}{\sum_{k=1}^{n} c_{ik}} \quad (i=1, 2, \cdots, p;\ j=1, 2, \cdots, n) \tag{6-18}$$

式中，c_{ij} 为赞成 u_i 为 v_j 等级的票数或比例。

一个被评事物在某个因素 u_i 方面的表现，是通过模糊矢量来刻画的，而在其他评价方法中多是由一个指标值来刻画，因此从这个角度讲，模糊综合评价要更多的信息。

第四步，确定评价因素的权重矢量。在模糊综合评价中，确定评价因素的权重矢量：$\boldsymbol{A}=(a_1, a_2, \cdots, a_p)$。权重矢量 $\boldsymbol{A}$ 中的元素 a_i 本质上是因素 u_i 对模糊子集｛对被评事物重要的因素｝的隶属度。可以使用层次分析法确定评价指标间的相对重要次序，从而确定权重，并且在合成之前归一化。即

$$\sum_{i=1}^{p} a_i=1 \quad (a_i \geqslant 0) \tag{6-19}$$

第五步，合成模糊综合评价结果矢量。利用合适的算子将权重矢量 A 与各被评事物的隶属度 $\boldsymbol{R}$ 进行合成，得到各被评事物的模糊综合评价结果矢量 $\boldsymbol{B}$：

$$A \circ R = (a_1, a_2, \cdots, a_p) \begin{bmatrix} r_{11} & r_{12} & \cdots & r_{1n} \\ r_{21} & r_{22} & \cdots & r_{2n} \\ \vdots & \vdots & & \vdots \\ r_{p1} & r_{p2} & \cdots & r_{pn} \end{bmatrix} = (b_1, b_2, \cdots, b_n) = B \tag{6-20}$$

其中，b_i 是由 $\boldsymbol{A}$ 与 $\boldsymbol{R}$ 的第 j 列运算得到的，它表示被评事物从整体上对等级模糊子集的隶属程度。算子 ° 称为模糊乘法，可以根据选取的不同算法，得到不同的模型。

第六步，模糊综合评价结果矢量分析。实际中最常用的方法是最大隶属度原则，但某些情况下使用会有些勉强，损失信息很多，甚至得出不合理的评价结果。建议使用加权平均求隶属等级的方法，可以依据等级位置对多个被评事物进行排序。

（3）数据包络分析法

数据包络分析是著名运筹学家查恩斯（A. Charnes）和库珀（W. W. Cooper）等学者以“相对效率评价”概念为基础发展起来的一种新的行之有效的系统分析方法。数据包络分析是线性规划模型的应用之一，常被用来衡量拥有相同目标的运营单位的相对效率。数据包络分析是一种基于线性规划的用于评价同类型组织（或项目）工作绩效相对有效性的特殊工具手段。例如，学校、医院、银行的分支机构、超市的各个营业部等，各自具有相同（或相近）的投入和相同的产出。衡量这类组织之间的绩效高低，通常采用投入产出比这个指标，当各自的投入产出均可折算成同一单位计量时，容易计算出各自的投入产出比并按其大小进行绩效排序。但当被衡量的同类型组织有多项投入和多项产出，且不能折算成统一单位时，就无法算出投入产出比的数值。例如，大部分机构的运营单位有多种投入要素，如员工规模、工资数目、运作时间和广告投入，同时也有多种产出要素，如利润、市场份额和成长率。在这些情况下，经理或董事会很难知道，当输入量转换为输出量时，哪个运营单位效率高，哪个单位效率低。因而，需采用一种全新的方法进行绩效比较。这种方法就是 20 世纪 70 年代末产生的数据包络分析，其在处理多输入，特别是多输出的问题上的能力是具有绝对优势的。简言之，数据包络分析模型是直接使用输入、输出数据建立非参数的经济数学模型。数据包络分析是使用数学规划（包括线性规划、多目标规划、具有锥形结构的广义最优化、半无限规划、随机规划等）模型，评价具有多个输入、特别是多个输出的部门或单位（称为决策单元）间的相对有效性（称为数据包络分析有效）。实际上“效率”或“相对有效性”的概念也是指产出投入比，不过是加权意义之下的投入产出比。根据对各决策单元观察的数据判断决策单元是否为数据包络分析有效，本质上是判断决策单元是否位于可能集的“生产前沿面”上（魏权龄，2012）。

自 1978 年第一个数据包络分析模型——C^2R 模型（又称 CCR 模型）建立以来，有关的理论研究不断深入，应用领域日益广泛。例如，在相对效率与效益评价方面的应用，在经济系统建模与参数估计方面的应用，在成本、收益和利润分析方面的应用到在预测和预警方面的应用和在系统分类与控制方面的应用。可以说，数据包络分析法现已成为管理科学、系统工程、决策分析和评价技术等领域一种重要而有效的分析工具和手段。因而，数据包络分析领域的研究吸引了众多学者。数据包络分析法的优点吸引了众多的应用者，应用范围已扩展到美国军用飞机的飞行、基地维修与保养，以及陆军征兵、城市、银行等方面。目前，数据包络分析法应用的领域正在不断地扩大。数据包络分析法也可以用来研究多种方案之间的相对有效性；还可在进行决策之前去预测采取某决策的相对效果（如建立新厂后，新厂相对于已有的一些工厂是否为有效）。数据包络分析模型甚至可以用来进行规划评价。

数据包络分析法特点：适用于多输出-多输入的有效性综合评价问题，在处理多输出-多输入的有效性评价问题方面具有绝对优势。数据包络分析法并不直接对数据进行综合，因此决策单元的最优效率指标与投入指标值及产出指标值的量纲选取无关，应用数据包络分析法建立模型前无须对数据进行无量纲化处理（当然进行无量纲化处理也可以），也无须任何权重假设，而是以决策单元输入输出的实际数据求得最优权重，排除了很多主观因素，具有很强的客观性。数据包络分析法假定每个输入都关联一个或者多个输出，且输入输出之间确实存在某种联系，但不必确定这种关系的显示表达式。

(4) 统计分析法

统计分析法指通过对研究对象的规模、速度、范围、程度等数量关系的进行分析的研究，认识和揭示事物间的相互关系、变化规律和发展趋势，借以达到对事物的正确解释和预测的一种研究方法。任何事物都有质和量两个方面，认识事物的本质时必须掌握事物的量的规律。目前，数学已渗透一切科技领域，使科技日趋量化，电子计算的推广和应用，量度设计和计算技术的改进和发展，已形成数量研究法，这已成为自然科学和社会科学研究中不可缺少的研究法。

统计分析法就是运用数学方式，建立数学模型，对通过调查获取的有关领导者的各种数据及资料进行数理统计和分析，形成定量的结论。统计分析方法是目前广泛使用的现代科学方法，是一种比较科学、精确和客观的测评方法。其具体应用方法很多，在实践中使用较多的是指标评分法和图表测评法。指标评分法是以百分为满分，把被评者的行为表现划分为若干个指标，赋予每个指标一定的分值，评价时对每个指标分别打分，最后累计出总分。例如，假设将企业日常管理作为一个指标，占 10 分，评价者可根据实际情况给该项指标评出 10 分之内的一个具体分值，如 3 分、2 分或 9 分、7 分等。指标评分法增大了指标可比性和精确性，并且指标量化明确，容易操作。但各项指标分值的确定缺少科学依据，评价者评出的具体分数比较随意性，受评价者主观因素的影响较大。

统计分析法是根据企业的历史数据资料及同类企业的水平，运用统计学方法来确定企业经营各方面工作的标准。用统计计算法制定的标准称为统计标准。

(5) 逼近理想解排序法

逼近理想解排序法是一种逼近于理想解的排序法，该方法只要求各效用函数具有单调递增（或递减）性（杨聚在等，1997；王中兴等，2007）。逼近理想解排序法是多目标决策分析中一种常用的有效方法，又称为优劣解距离法。其基本原理是通过检测评价对象与最优解、最劣解的距离来进行排序，评价对象最靠近最优解同时又最远离最劣解，为最好；否则为最差。其中，最优解的各指标值都达到各评价指标的最优值。最劣解的各指标值都达到各评价指标的最差值。

逼近理想解排序法中正理想解和负理想解的含义。逼近理想解排序法中的“正理想解”和“负理想解”是逼近理想解排序法的两个基本概念。所谓正理想解是一设想的最优解（方案），它的各个属性值都达到各备选方案中的最优值；而负理想解是一设想的最劣解（方案），它的各个属性值都达到各备选方案中的最差值。方案排序的规则是把各备选方案与正理想解和负理想解做比较，若其中有一个方案最接近正理想解，而同时又远离负理想解，则该方案是备选方案中最好的方案。

逼近理想解排序法是系统工程中有限方案多目标决策分析中一种常用的决策技术。将逼近理想解排序法用于卫生监督质量综合评价可得出具有良好可比性的评价排序结果。逼近理想解排序法计算简便，应用广泛，在综合评价中有较大的应用价值。逼近理想解排序法用于综合评价排序，首先选择有限方案中各目标值的最优与最劣者为正理想解和负理想解，建立目标空间；然后通过计算每一方案到正理想解和负理想解的距离，确定相对贴近度，实现对各方案优劣的评价与排序。

逼近理想解排序法的一般解题步骤如下所示。

第一步，设有 m 个目标（有限个目标），n 个属性，专家对其中第 i 个目标的第 j 个属性的评估值为 x_{ij}，则初始判断矩阵 $\boldsymbol{V}$ 为

$$\boldsymbol{V}=\begin{bmatrix} x_{11} & x_{12} & \cdots & x_{1n} \\ x_{21} & x_{22} & \cdots & x_{2n} \\ \vdots & \vdots & \vdots & \vdots \\ x_{i1} & \cdots & x_{ij} & \cdots \\ \vdots & \vdots & \vdots & \vdots \\ x_{m1} & x_{m2} & \cdots & x_{mn} \end{bmatrix} \tag{6-21}$$

第二步，各个指标的量纲可能不同，需要对决策矩阵进行归一化处理：

$$V' = \begin{bmatrix} x'_{11} & x'_{12} & \cdots & x'_{1n} \\ x'_{21} & x'_{22} & \cdots & x'_{2n} \\ \vdots & \vdots & \vdots & \vdots \\ x'_{i1} & \cdots & x'_{ij} & \cdots \\ \vdots & \vdots & \vdots & \vdots \\ x'_{m1} & x'_{m2} & \cdots & x'_{mn} \end{bmatrix} \tag{6-22}$$

其中

$$x'_{ij} = x_{ij} \Big/ \sqrt{\sum_{k=1}^{n} x_{ij}^2} \quad (i = 1,\ 2,\ \cdots,\ m;\ j = 1,\ 2,\ \cdots,\ n) \tag{6-23}$$

第三步，根据德尔菲法获取专家群体对属性的信息权重矩阵 $\boldsymbol{B}$，形成加权判断矩阵：

$$\boldsymbol{Z} = \boldsymbol{V'B} = \begin{bmatrix} x'_{11} & x'_{12} & \cdots & x'_{1n} \\ x'_{21} & x'_{22} & \cdots & x'_{2n} \\ \vdots & \vdots & \vdots & \vdots \\ x'_{i1} & \cdots & x'_{ij} & \cdots \\ \vdots & \vdots & \vdots & \vdots \\ x'_{m1} & x'_{m2} & \cdots & x'_{mn} \end{bmatrix} \begin{bmatrix} w_1 & 0 & \cdots & 0 \\ 0 & w_2 & \cdots & 0 \\ \vdots & \vdots & \vdots & \vdots \\ 0 & \cdots & w_j & \cdots \\ \vdots & \vdots & \vdots & \vdots \\ 0 & 0 & \cdots & w_n \end{bmatrix} = \begin{bmatrix} f_{11} & f_{12} & \cdots & f_{1n} \\ f_{21} & f_{22} & \cdots & f_{2n} \\ \vdots & \vdots & \vdots & \vdots \\ f_{i1} & \cdots & f_{ij} & \cdots \\ \vdots & \vdots & \vdots & \vdots \\ f_{m1} & f_{m2} & \cdots & f_{mn} \end{bmatrix} \tag{6-24}$$

第四步，根据加权判断矩阵获取评估目标的正负理想解。

正理想解：

$$f_j^* = \begin{cases} \max(f_{ij}),\ j \in J^* \\ \min(f_{ij}),\ j \in J' \end{cases} \quad (j = 1,\ 2,\ \cdots,\ n) \tag{6-25}$$

负理想解：

$$f'_j = \begin{cases} \min(f_{ij}),\ j \in J^* \\ \max(f_{ij}),\ j \in J' \end{cases} \quad (j = 1,\ 2,\ \cdots,\ n) \tag{6-26}$$

式中，J^* 为效益型指标；J' 为成本型指标。

第五步，计算各目标值与理想解之间的欧氏距离 S_i^*、S'_i：

$$S_i^* = \sqrt{\sum_{j=1}^{m} (f_{ij} - f_j^*)^2} \quad (i = 1, 2, \cdots, m) \tag{6-27}$$

$$S_i' = \sqrt{\sum_{j=1}^{m} (f_{ij} - f_j')^2} \quad (i = 1, 2, \cdots, m) \tag{6-28}$$

第六步，计算各个目标的相对贴近度 C_i^* ：

$$C_i^* = S_i'/(S_i^* + S_i') \quad (i = 1, 2, \cdots, m) \tag{6-29}$$

第七步，依照相对贴近度的大小对目标进行排序，形成决策依据。

【案例应用】

某公司需要对其信息化建设方案进行评估，方案由 4 家信息咨询公司分别提供，记为方案一（S1）、方案二（S2）、方案三（S3）、方案四（S4）。每套方案的评估标准均包括以下 6 项内容：P1（目标指标）、P2（经济成本）、P3（实施可行性）、P4（技术可行性）、P5（人力资源成本）、P6（抗风险能力），4 个方案作为 4 个目标，6 个评价标准作为 6 个属性。其中，P2 和 P5 是成本型指标，其他为效益型指标。这里每个目标所对应的属性值均由 4 名评估专家分别给出，表 6-10 列出了去模糊化之后 4 位专家评估值的集结结果，将其作为多属性决策的初始矩阵，每个属性在评估结果中的权重（*W*）根据德尔菲法获得，整个决策方法的处理步骤如下所述。

表 6-10　专家评估值结果表

目标	属性					
	P1	P2	P3	P4	P5	P6
S1	8.1	255.0	12.6	13.2	76.0	5.4
S2	6.7	210.0	13.2	10.7	102.0	7.2
S3	6.0	233.0	15.3	9.5	63.0	3.1
S4	4.5	202.0	15.2	13.0	120.0	2.6

初始条件：根据表 6-10 的专家决策结果生成初始判断矩阵 $\boldsymbol{V}$：

$$\boldsymbol{V} = \begin{bmatrix} 8.1 & 255.0 & 12.6 & 13.2 & 76.0 & 5.4 \\ 6.7 & 210.0 & 13.2 & 10.7 & 102.0 & 7.2 \\ 6.0 & 233.0 & 15.3 & 9.5 & 63.0 & 3.1 \\ 4.5 & 202.0 & 15.2 & 13.0 & 120.0 & 2.6 \end{bmatrix} \tag{6-30}$$

利用德尔菲法，生成集结后的群体偏好矩阵 $\boldsymbol{B}=(2.3, 5.1, 4.0, 6.5, 4.8, 3.2)^{\mathrm{T}}$。

正、负理想解为

$$f_j^*=(1.4428, 2.2797, 2.1664, 3.6653, 1.2878, 0.8756) \quad (6\text{-}31)$$

$$f_j'=(0.8016, 2.8779, 1.7840, 2.6377, 2.4533, 0.3162) \quad (6\text{-}32)$$

结果（计算贴近度）：$C_i^*=(0.6621, 0.4666, 0.6106, 0.5851)$，依据 C_i^* 从小到大的顺序对决策方案进行排序可知 $C_2<C_4<C_3<C_1$，表明方案一更优。

结果分析：根据方案的排序结果，可以看出，在方案中技术可行性的权重最大，经济成本次之，二者对整个评估结果的影响也最大。

6.2.3.3 对比分析法

前后对比分析是林业规划实施评估的基本思维框架（冯洁，2007）。通过规划执行前后有关情况的对比分析，测度出林业规划的效果及价值。通过大量的参数对比，人们对林业规划实施前后情况的变化一目了然。对比分析法不仅可以帮助人们了解规划的准确效果，还可以帮助人们认识林业规划的本质和特点。目前，这种方法主要有以下 4 种设计：简单“前–后”对比分析、“投射–实施后”对比分析、“有–无政策”对比分析和“控制对象–实验对象”对比分析。规划作用对象的变化不仅与被评估的规划有关，还与其他因素相关，因而被评估规划的效果难以从规划作用对象的变化中分离出来，这大大降低了规划评估的准确性（包存宽等，2001）。

（1）简单“前–后”对比分析

简单“前–后”对比分析，就是将规划对象在规划实施前可以衡量出的状态与它接受规划实施后可以衡量出的新状态进行对比，从中测出规划效果，进而据此对规划的价值进行判断。这种模式是将规划对象在接受规划作用后可以衡量出的变化值减去之前可以衡量出的值。A_1 代表执行前的值，A_2 代表执行后的值，那么 (A_2-A_1) 就是规划实施效果（图 6-2）。简单“前–后”对比分析是一种定量分析法，它通过大量的参数对比，使人们对规划实施前后情况的变化一目了然。简单“前–后”对比分析的优点是简单、方便、明了；缺点是不够精确，无法将规划实施产生的效果和其他因素，如对象自身因素、外在因素、偶发事件、社会变动等所造成的效果加以明确区分，即简单“前–后”对比分析无法将被评估规划的“纯效果”与该项规划以外的因素产生的效果分离出来。

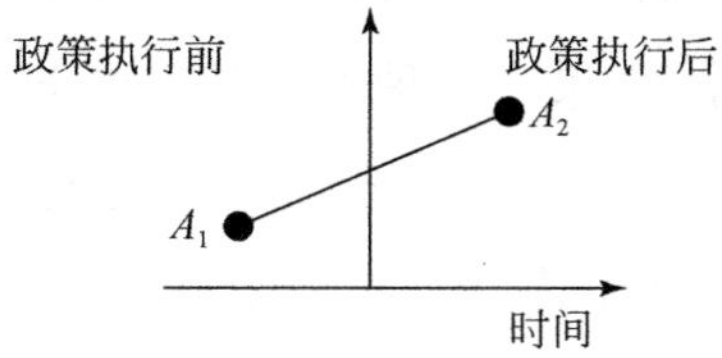

图 6-2　“前–后”对比分析

（2）“投射–实施后”对比分析

“投射–实施后”对比分析又称“预测效果–实际效果”对比法，这种方法是将政策执行前的趋向线投射到政策执行后某一点上，并将所得到的投影与政策执行后的实际情况进行对比，以确定政策的效果。这种方法考虑到了被评估政策以外的因素的影响，并通过投影将其滤除，结果更加精确，因而前进了一步。该法困难在于如何详尽地收集政策执行前内外环境的数据资料，以确定某一点会发生的情况即建立起政策执行前的趋向线（图 6-3）。这种方式是将政策执行前的倾向线 Q_1、Q_2 投射到政策执行后的某一点 A_1 上，并将这一点同政策执行后的实际情况 A_2 点进行对比，以确定政策的效果。

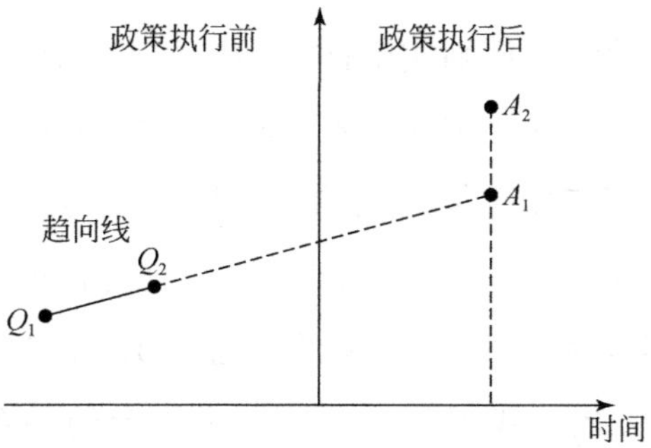

图 6-3　“投射–实施后”对比分析

(3) “有-无政策” 对比分析

“有-无政策” 对比分析是在政策执行前和政策执行后这两个时间点上，分别对有政策和无政策两种情形进行前后对比；然后比较两次对比结果，确定政策效果。如图 6-4 所示，A_1、B_1 分别代表政策执行前有政策、无政策两种情形，A_2、B_2 分别代表政策执行后有政策、无政策两种情形，(A_2-A_1) 为有政策条件下的变化结果，(B_2-B_1) 为无政策条件下的变化结果，[(A_2-A_1) -(B_2-B_1)] 便是政策的实际结果。这种方法进一步排除了非政策因素的作用，能够比较有效地将被评估政策的 “纯结果” 从政策执行后产生的总结果中分离出来，所以是测量政策 “纯效果” 的主要方法。

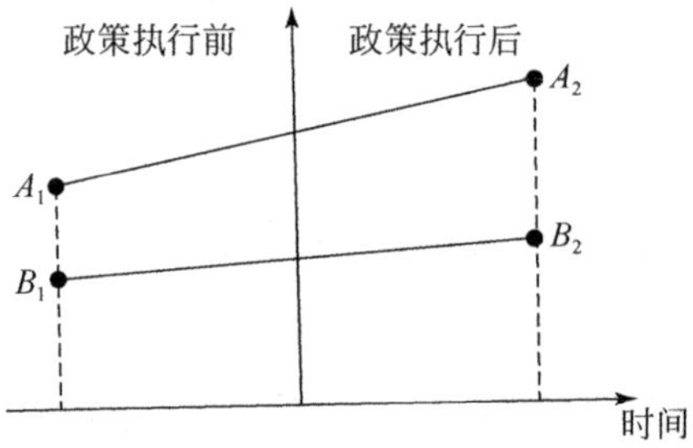

图 6-4　“有-无政策” 对比分析

(4) “控制对象-实验对象” 对比分析

“控制对象-实验对象” 对比分析是社会实验法在规划实施评估中的具体运用。评估者将规划实施前同一评估对象分为实验组和控制组两组，对前者实施规划而对后者暂不实施；然后比较这两组的情况，确定规划的效果。这种分析方法是社会实验法在规划实施评估中的情况，B_2 为控制对象情况具体应用。以政策评估为例，它要求评估者将政策执行前同一评估对象分为两组，一组为实验组，即对其施加政策影响的组；另一组为控制组，即不对其施加政策影响的组，如图 6-5 所示。A_1、B_1 为实验前实验对象和控制对象的状态 (二者同一)，A_2 为实验后的实验对象的状态，B_2 为实验后的控制对象的状态，政策效果则为 A_2-B_2。我国改革开放以来出台的一系列政策一直采取的试点评估法就是这种方法的一种应用。

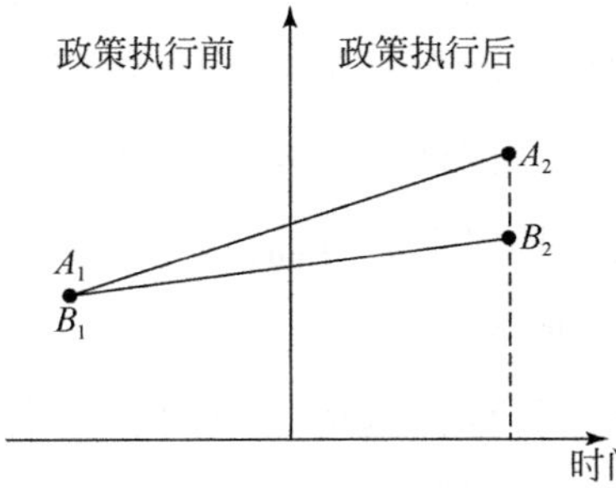

图 6-5　“控制对象-实验对象”对比分析

6.2.3.4　逻辑框架法

逻辑框架法是美国国际开发署（United States Agency for International Development，USAID）在 1970 年开发并使用的一种设计、规划和评估的工具。目前，三分之二的国际组织把逻辑框架法作为援助项目的计划管理和后评价的主要方法。现今国际上已将此方法广泛应用到项目策划、风险设计、前评估、实施检查、监测评价和可持续性分析等领域。逻辑框架法不是一种机械的方法程序，而是一种综合和系统地研究、分析问题的思维框架（戴智和戴毅，2009）。在林业规划实施评估中采用逻辑框架法有助于对关键因素和问题进行系统的合乎逻辑的分析。

（1）基本概念

逻辑框架法是一种概念化论述项目的方法，即用一张简单的框图来清晰地分析一个复杂项目的内涵和关系，使之更易理解。逻辑框架法将几个内容相关、必须同步考虑的动态因素组合起来，通过分析其间的关系，从设计策划到目的目标等方面来评价一项活动或工作。逻辑框架法为项目计划者和评价者提供一种分析框架，用以确定工作的范围和任务，并通过对项目目标和达到目标所需的手段对逻辑关系进行分析。逻辑框架法的核心概念是事物的因果逻辑关系，即“如果”提供了某种条件，“那么”就会产生某种结果，这些条件包括事物内在的因素和事物所需要的外部因素。

通过逻辑框架法对项目设计的清晰描述，可以更清楚地了解项目的目的和内容，从而改进和完善项目的决策立项、项目准备和评估程序。逻辑框架法立足于项目的发展和变化，因为要获取理想的成果，所以必须在最大成本-效果分析中进行多方案比较。因此，逻辑框架法把项目管理的诸多方面融合起来进行综合分析，主要包括以下五方面。

1）从结果来判断管理水平。

立项主要立足于项目的目标，具体建设内容是次要的。项目成功与否的测定主要是判断项目目标的实现程度，项目的结果是对管理的最好判别。

2）从实践中学习。

项目实践中不确定因素很多，不断地从项目结果中学习是项目实施过程中的一项重要任务，就此而言，项目过程是一个学习系统。

3）系统全面的分析。

项目不是孤立的，而是社会系统的一部分。项目的实施必然与外界环境有着关联，与各种机构和其他项目关系密切。因此，对项目的分析应该是全面的。

4）目标合同分析。

各种合同的基本特征是相同的，主要包括结果和产出、严密的外部条件和实现的目标等。

5）原因和后果。

逻辑框架法的核心是分析事物发生的原因和后果之间的关系，即项目不同层次目标间因果关系明确一些，项目计划的编制就好一些，项目计划的执行也顺利一些。

应用逻辑框架法进行计划和评价时的一项主要任务是必须对项目最初确定的目标给出清晰的定义。因此，在做逻辑框架时，对项目的以下内容应清楚地描述：①清晰并可度量的目标；②不同层次的目标和最终目标之间的联系；③确定项目成功与否的测量指标；④项目的主要内容；⑤计划和设计时的主要假设条件；⑥检查项目进度的办法；⑦项目实施中要求的资源投入。

逻辑框架法将目标及因果关系划分为四个层次：①目标/影响。项目的宏观目标，即宏观计划、规划、政策和方针，该目标应该由几个方面的因素实现，应该超越项目的范畴，由国家、政府相关部门制定。这个层次目标的确定和指标的选择一般由国家或行业部门选定，一般要与国家发展目标相联系，并符合国家产业政策、行业规划等的要求。②目的/作用。项目的直接效果与作用，主要考虑社会和经济的成果和作用，该目标由项目和独立的评价机构确定。③产出/结果。具体项目的产出物，要提供可计量的直接后果。④投入/措施。项目的实施过程及内容主要包括资源的投入量和时间等。这四个层次形成了基本的逻辑框架，自下而上构成了三个相互连接的逻辑关系（刘炳胜等，2006），如表 6-11 所示。

表 6-11　逻辑框架法的规划矩阵

概述	目的证实指标	指标验证方法	重要假定条件
目标/影响	实现目标的衡量标准	资料来源采用的方法	目的与目标间的假定条件
目的/作用	项目最终状况	资料来源采用的方法	产出与目的间的假定条件
产出/结果	计划完成日期产出的定量	资料来源采用的方法	投入与产出间的假定条件
投入/措施	资源特性与等级成本计划投入日期	资料来源采用的方法	项目的原始假定条件

垂直逻辑关系描述了项目设计中思考的层次关系，而每个层次的水平逻辑关系则由目的证实指标、指标验证方法和重要假定条件构成。各层次目标应尽可能地有客观的、可度量的目的证实指标，包括数量、质量、时间及人员。在后评价时，一般每项指标应具有三个数据，即原来预测值、实际完成值、预测和实际间的变化和差距值。指标验证方法就是对项目实施过程实施监督与控制的方法，包括主要资料来源（监测和监督）和验证所采用的方法。重要假定条件是影响项目进展或成果产出的因素且项目管理者无法控制的外部条件，即风险。项目的假定条件很多，一般应选定其中几个最主要的因素作为假定的前提条件。通常项目的原始背景和投入/措施和产出/结果层次的假定条件较少；而产出/结果和目的/作用层次提出的不确定因素往往会对目的/作用和目标/影响层次产生重要影响；宏观目标

的成败取决于一个或多个项目的成败，因此最高层次的前提条件是十分重要的。

（2）项目策划框架与分析

项目策划者运用逻辑框架法分析问题，有助于在项目策划阶段对项目存在的关键问题和主要影响因素开展合乎逻辑的分析，并从总体上确定项目的目标与目的，以及达到目标所需要的主要控制手段，从而最终确定项目的范围和任务。

项目策划的过程从本质上来讲就是认识事物的过程，即从问题中寻找发展机会，再对机会进行逻辑性分析找出关键影响因素并加以解决的过程。这个系统工程必须按照一定的顺序、层次逐步进行，据此将逻辑框架法进行扩展，提出项目策划的五步框架。

第一步，识别机会，确定投资领域。不同的投资主体选择的项目各不相同，考虑的主要问题也不尽相同，但机会的识别必须与投资主体自身能力相结合，综合分析。政府选择项目主要是为了提高当地人民生活水平与质量，促进经济发展；企业选择项目是为了在满足发展战略的前提下，提高企业效益，促进企业的长远发展。项目选择出发点的不同造成投资主体在具体项目选择思路上的差别。政府着力了解那些严重影响当地人民生活质量、阻碍当地经济发展的问题；企业根据市场分析结果，结合自身实际能力，研究开发新产品以满足市场的需求或进行组织变革满足企业的发展。

第二步，构建问题树，进行问题与机会的逻辑层次分析。事物只有存在问题才有解决的必要。在问题中寻找机会，这是项目投资者选择项目的理论依据。问题树可以清楚描述问题与对策的内在联系，这种联系将有助于分析项目的投入与产出、策划与实施、近期作用与长远影响的逻辑关系。对于后果的分析应该按照从微观到宏观的顺序逐步进行；对于原因的分析，应找出直接影响因素，涉及面不要太广。问题分析的步骤包括记录下所有的问题、选择核心问题、在核心问题下列出问题的直接原因、在核心问题上列出问题的直接效果、在直接原因下和直接效果上列出间接原因和间接效果。这样就构成了以核心问题为中心的“树”和“树枝”。

第三步，构建目标树，明确项目的投入、产出、目的、目标。将问题树进行转化便可形成目标树，在目标树的构建过程中要找出垂直方向的逻辑关系，明确项目目标、项目目的、预期产出和所需投入。根据问题树分析中项目存在的主要问题，确定项目预期产出；根据问题树中原因的分析确定项目所需投入；根据问题树中直接影响的分析确定项目目的；根据问题树中间接影响确定项目目标。

第四步，比较选择项目方案，确定最佳方案。逻辑框架法立足于项目的发展与变化，项目要想取得最佳成果，就必须进行技术方案的可行性论证与经济性比较，从而最终保证项目的投入最小而取得的效益最大。根据目标树制定的总体规划，结合项目实施主体的自身能力，比较各种可行方案，确定最终实施方案。

第五步，制定项目设计框架图。根据已经建立的目标树和已确定的具体实施方案的分析便可形成项目策划的逻辑框架。在此过程中要全面分析方案在实施中可能面临的资金、技术、环保等方面的限制，为后续工作做好充足准备。在项目限制条件和极限值的基础上，确定监控的主要指标和验证的方法。

逻辑框架法之所以在工程咨询中得到广泛应用，是因为它能系统分析项目的投入、产出、直接目的、宏观目标之间的关系，形成合乎逻辑的项目策划方案，能提出主要问题，分析主要问题，明确因果关系，为决策者提供客观、科学的信息。但是，逻辑框架是项目规划、决策和评价过程中的一种思维模式和分析方法，它不能替代经济、财务、环境影响评价等具体方法。因此，在工程管理中，逻辑框架法应与其他方法综合应用，以形成一套科学的工程管理方法体系。

6.2.3.5 经济评估方法

经济评估方法，如费用效益分析方法、费用效果分析方法、价值评估方法及一些计量经济学评估方法在规划评估中得到了越来越广泛的应用。其中，费用效益分析方法（一般用于规划实施的效率评估）、费用效果分析方法

(一般用于规划实施的效果评估)和价值评估方法(一般用于规划实施的经济评估)已成为规划评估的重要工具。

(1)费用效益分析方法

费用效益分析是通过比较项目的全部效益和费用来评估项目价值的一种方法。费用效益分析作为一种经济决策方法,以寻求在投资决策上如何以最小的成本获得最大的收益。常用于评估需要量化社会效益的公共事业项目的价值。非公共行业的管理者也可采用这种方法对某一大型项目的无形收益进行分析。在该方法中,某一项目或决策的所有费用和收益都将被一一列出,并进行量化。

1)费用效益分析的对象。

费用效益分析的研究对象是全社会,即人类活动对全社会的经济影响分析。但从费用效益分析的产生过程来看,费用效益分析一开始是为评价公共工程项目而提出的。公共工程项目不同于一般生产性工程项目,它不是以项目的自身盈利为主要目的,而是通过为社会提供服务而使社会增加收益。所以在费用效益分析发展过程中,费用效益分析在交通水利、文教卫生、城市建设等方面的投资决策中得到了广泛应用。近十多年来,费用效益分析在环境保护方面的应用也不断加强,取得了一定的效果。所以在建设项目中,费用效益分析主要用于公共工程等非生产性建设项目投资的评价。公共工程项目主要包括以下几个方面的项目:①经济服务方面的项目,如铁路、公路、水利工程、港口、机场、电站等方面的项目;②文教发展方面的项目,如文化与教育设施(学校、博物馆、图书馆)、娱乐与体育设施(公园、运动场)等;③自然资源和环境保护方面的项目,如水资源保护、污染控制和草原、森林、湿地保护等方面的项目;④防护方面的项目,如防火、防洪、人防等方面的项目。

2)费用效益分析基本表达式。

费用效益分析的基本表达式(主要评价指标有两种):一是效益费用比(benefit cost ratio),二是净效益(net benefit)。

效益费用比,计算公式为

$$B/C = \frac{B - D}{C} \tag{6-33}$$

式中，B 为正效益；D 为负效益；C 为费用。

使用效益费用比的评价法则：$B/C \geqslant 1$，项目可以接受；$B/C < 1$，项目不可接受。效益费用比的特点是表示出单位费用所取得的效益，是一个很有意义的评价指标。

净效益计算公式为

$$B - C = (B - D) - C \tag{6-34}$$

使用净效益的评价法则：$(B - C) \geqslant 0$，项目可以接受；$(B - C) < 0$，项目不可接受。

净效益的特点是直接表示损益状况，概念清晰。

3）环境效益费用分析。

环境效益费用分析是效益费用分析的基本原理和方法在环境经济分析中的应用。将效益费用分析应用于环境经济分析，不但是对效益费用分析在应用方面的发展，也是对环境经济分析方法的重要完善（陈伟琪等，2000）。

由于环境、环境问题、环境资源、环境经济的复杂性、多样性和特殊性，环境效益费用分析要适应这种复杂性、多样性和特殊性。同时，由于环境效益费用分析是成本效益分析的具体应用，环境效益费用分析必须具备成本效益分析的基本要求：能找出环境资源和质量变化的效益和损失；能找出一条货币化计量环境效益和损失的途径；能进行环境资源的替代；具体的环境效益费用分析方法针对性要强。环境效益费用分析流程如图 6-6 所示。

一般来说，环境效益费用分析中的环境费用比较具体，容易较准确地计算出来，但是对于环境效益和环境损失的计量，有许多是很难从用货币来准确衡量的。所以环境效益费用分析的理论和方法还需要进一步探讨、完善，以更加科学、客观。以评估生态系统服务功能为例，介绍目前环境效益费用分析的几种方法。

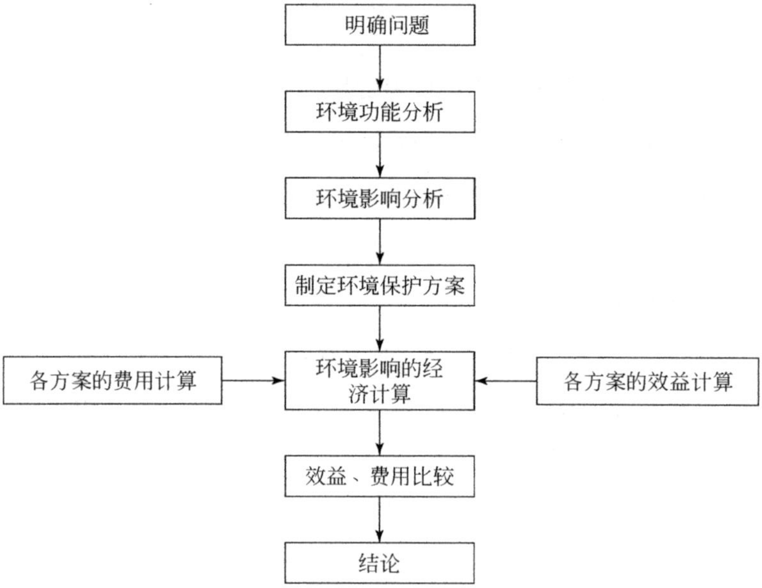

图 6-6　环境效益费用分析流程图

其一，直接市场法。

市场价值法。市场价值法又称生产率法，它是把环境要素作为一种生产要素。利用因环境要素改变而引起的产值和利润来计算环境质量的变化。产值利润可以用市场价格计量，因此可以计算出环境质量变化的经济效益或经济损失。计算公式为

$$L_1 = \sum_{i=1}^{n} p_i \Delta R_i \tag{6-35}$$

式中，L_1 为环境质量变化引起的经济效益或经济损失的价值；p_i 为某种产品的市场价格；ΔR_i 为某种产品因环境质量变化而增加或减少的产量；n 为受环境质量变化影响的产品总数。

市场价值法适用于水土流失、耕地破坏、森林生产能力降低、污水灌溉引起的农田污染及空气污染等经济污染分析中。市场定价法适用于没有费用支出但有市场价格的生态系统服务的价值评估，它是最直接和应用最广的方法，操作比较简单、直观。由于市场的存在，市场价值法明确反映了消费者个人的偏好和支付意愿，而且所需的价格、单产、面积都很容易

获得，符合公众的心理判断，易于被公众接受。市场定价法只能计算可以通过市场进行交易的产品和服务的数量，对市场本身的要求较高，如果市场制度不完善，不是完全竞争的，就会使市场价格不能真正反映产品和服务的真正价值。

生产率法。生态环境质量的变化可以通过生产过程导致生产率和生产成本的变化，主要用来计算那些可以作为市场产品的功能价值评价。评价方法可以分为三个基本步骤：首先估算环境变化之前的生产成本，然后估算环境变化之后的生产成本，最后计算总的经济剩余。计算公式为

$$E = \left(\sum_{i=1}^{m} P_i Q_i - \sum_{j=1}^{n} C_j\right)(x - y) \tag{6-36}$$

式中，P_i 为产品的价格；C_j 为产品的成本；Q_i 为产品的数量；E 为生态环境改善带来的效益或者是生态破坏带来的损失；x、y 为环境变化前、后产品的增减变化。

生产率法依据的是真实市场资料，数据有限且较容易获得，容易被公众接受且使用的成本很低。缺点是由于生态系统服务功能存在交叉影响，生产率法难以保证能在真实市场中得到实现，高度依赖环境条件，缺乏对消费者剩余的考虑。目前，这种方法被用于人类资源利用活动产生的生态环境破坏对农业、渔业、水资源等自然系统或建筑物腐蚀等人工系统影响的评价。

机会成本法。机会成本法又称社会收入损失法。机会成本是经济分析中的一个重要概念。定义为如果你计划投入一笔资金建设某一项目，那么就意味着你必须放弃这笔资金的其他投资机会，或者说放弃其他取得效益的机会。其他投资机会进而取得的最大经济效益称为这笔资金的机会成本。

在环境经济分析中，决定环境资源某一开发、利用方案时，以及该方案的经济效益不能直接估算时，机会成本法就是一种很有用的评价方法。计算公式为

$$L_2 = \sum_{i=1}^{n} S_i W \Delta R_{i_i} \tag{6-37}$$

式中，L_2 为环境质量变化引起的经济效益或经济损失的机会成本值；S_i 为资源

的单位机会成本；ΔR_i 为资源因环境质量变化而增加或减少的产量。

机会成本法适用于水资源短缺、占用农田等的经济分析。该法简单易懂，是一种非常实用的技术，能为决策者提供科学的依据，更好地配置资源，常被用于某些资源应用的社会净效益不能直接估算的场合。机会成本法无法评估非使用价值，无法评估具有外部性特征、收益难以通过市场化进行衡量的公共物品。

人力资本法。人力资本法又称工资损失法或收入损失法。关于环境污染对人的生命、健康及痛苦的评价问题，还没有一个科学、合理的评价方法。人力资本法认为，人过早得病或死亡的社会效益损失是由社会劳务的部分或群补损失带来的，它等于一个人丧失工作时间的劳动价值和预期的收入价值。即

$$L_3 = \sum_{i=x}^{\infty} \frac{(p_x^n)_1 (p_x^n)_2 (p_x^n)_3}{(1+r)^{n-x}} F_{n-x} \tag{6-38}$$

式中，L_3 为人力资本法的损益值；$(p_x^n)_1$ 为年龄 x 的人活到年龄 n 的概率；$(p_x^n)_2$ 为年龄 x 的人活到年龄 n，并且具有劳动能力的概率；$(p_x^n)_3$ 为年龄 x 的人活到年龄 n，并且具有劳动能力且仍然在工作的概率；r 为折现率；F_{n-x} 为年龄 x 的人活到年龄 n 的未来预期收入。

人力资本法的出现为生命价值量化的探索和突破做出了很大贡献，能清楚地明确环境因子和疾病存在因果关系，而且损失成本可以用货币进行计量，人体健康损失受环境影响并得到科学证明。但人力资本法本身也存在难以克服的缺陷：一是伦理道德问题；二是效益的归属问题；三是理论上的缺陷问题。因为生态破坏一般不会直接影响人群健康，所以对生态损失的价值评估一般不采用这种方法。

环境保护投入费用评价法。在许多情况下，对环境质量变化造成的影响进行经济价值的评价是困难的。但是环境保护措施的费用较易计算，由此可以根据环境保护措施的投入费用来估算环境质量下降带来的基本经济损失和环境质量因采取环保措施得到改善而带来的经济效益。主要方法包括防护费用法、恢复费用法和影子工程法。

其二，替代市场法。

环境质量的变化，有时不会导致产品和劳务产出的量变，但是有可能影响商品的其他替代物和劳务的市场价格与数量。

资产价值法。资产价值法是指固定资产的价值，如土地、房屋的价值。资产价值法把环境质量看作影响资产价值的一个因素，也就是资产周围的环境质量的变化会影响资产未来的经济收益。

工资差额法。工资差额法是利用不同环境质量条件下劳动者的差异工资来估算环境质量变化造成的经济损失或经济收益的方法。影响的因素有很多，如工作性质、技术水平、风险程度等。

旅行费用法。旅行费用法是根据消费者为了获得娱乐享受或消费环境商品所花费的旅行费用来评价旅游资源和娱乐性环境商品的效益的分析方法。旅行费用法常常用于评价没有市场价格的自然景点或者环境资源的价值。它不是直接以游憩费用作为湿地游憩资源的价值，而是利用游憩的费用（常以交通费和门票费作为旅行费用）资料求出“游憩商品”的消费者剩余，以此来推导湿地游憩资源的价值。旅行费用法的种类可以分为区域旅行费用法、个人旅行费用法、随机效用法。旅行费用法在计算中应用传统经济学的方法和理论，其结果容易获得公众的认可，使用的成本不高，方法是建立在市场行为之上的，可以提高评估结果的可信度。旅行费用法是一种个人偏好的评估方法，主要用于评估娱乐价值高的地区的生态系统功能价值。在运用旅行费用法的时候，一些因素会影响结果的准确性，如消费者的多目的性、旅行时间成本的计算、各个地区不同的经济发展水平、函数的建立等。

替代费用法。计算花费多少钱来建立一个工程才能替代生态系统的某一种服务功能，如湖泊调蓄洪水的能力可以用修建防洪设施的成本来进行估算。在搜集替代工程投入费用和受众人群意愿的基础上，先明确生态系统服务功能的替代物，然后计算替代物的成本，同时搜集受众人群的意愿，以便建立公众对于替代物的需求函数。有一大部分的生态系统服务功能不具备市场性，可以通过选取准确的替代物来计算生态系统服务功能的价值，而且不需要详尽的资料，只需要工程价值，计算比较方便，容易被公众所接受。在使用替代费用法的时候，最重要的是如何选取最准确的替代物，而且成本在通常情况下和收益是不对等的，成本的增加并不代表价值的提高，公众对生态价值的态度与支付意愿，一些设施的建设产生的效益并不是单一的，具有多重性，如果用这种方法来计算某一种生态系统功能，容易导致结果不准确。

成果参照法。成果参照法就是通过一个地区的研究成果来评估其他区域的价值。成果参照法实际上是一种间接的经济评价方法，它采用一种或多种基本评价方法的研究成果来估计类似环境影响的经济价值，并经修正、调整后移植到被评价的项目。成果参照法的基本步骤：先对以前的研究成果进行分析，找到和评估地区相近或相似的案例，再通过基本的经济评价方法得出研究结果——环境影响的货币价值，一般都必须适当调整，以能够用于所分析的项目区域，计算单位时间的价值和采用正确的折现率，最终求出总的评估结果。成果参照法应用成本很低，而且有研究成果可以参考，找出合理性或者进行改造，方便快捷，如果能找到两个非常相似的评估对象，误差相对减少。同时成果参照法对评估对象的相似度要求很高，两个相似的区系很难找到。即使找到比较相似的地区，计算时的折现率也难以调整，目前国内外应用成果参照法评估的成功案例很少，缺少评估的参照系。

其三，条件价值法。

条件价值法也叫问卷调查法、意愿调查评估法、投标博弈法等，属于模拟市场技术评估方法，它以支付意愿和净支付意愿表达环境商品的经济价值。条件价值法是从消费者的角度出发，基于调查对象的回答，在一系列假设前提下，假设某种“公共商品”存在并有市场交换，通过调查、询问、问卷、投标等方式获得消费者对该“公共商品”的支付意愿或净支付意愿，综合所有消费者的支付意愿和净支付意愿，即可得到环境商品的经济价值。条件价值法以调查为基础，核心在于通过调查获得调查对象的支付意愿。因此，通过何种方式引导出调查对象的支付意愿是一个非常关键的问题。引导支付意愿的方法主要有四种：投标博弈、开放式、支付卡和两分式选择。

进行条件价值法评估的步骤：首先要界定评估的对象，也就是确定调查对象；然后进行正式的调查，这是进行条件价值法最核心的部分，对调查问卷的设计非常重要，直接关系调查结果的准确性；最后使用合理的统计学方法对调查结果进行整理和分析。

任何不能通过直接市场技术、也找不到合适的替代市场技术的公共物品，尤其是自然资源与环境物品，都可以采用条件价值法进行。从这个意义上来说，条件价值法似乎是一种万能的方法。利用得当的条件价值法的适用范围最广，是迄今为止唯一能够获得与环境物品有关的全部使用价值的方法。条件价值法正成为一种极有用的工具，被越来越广泛地用于公共物品的评价研究，特别是对森林、河流、湖泊、湿地等自然资源的保护及环境质量改善、受损生态系统恢复等环境政策或项目的评价。目前，条件价值法主要应用于评估生态系统中的非使用价值。条件价值法是目前最符合经济学内涵——消费者偏好的评估方法，可以有效地解决目前科技水平不高造成的一些价值评估困难，可以进一步评估更大的范围，可以用这种方法评估整个生态系统服务功能的价值。

人们对条件价值法的研究还处于初级阶段，离真正完善还有不小的距离。在问卷设计调查、数据分析和结果检验方面，条件价值法都存在很大的误差。同时，由于条件价值法是一种以调查为基础的方法，受人的心理因素影响很大，社会习俗、文化背景等都会影响研究结果，所以非常有必要从理论和实践两方面加强研究条件价值法的应用。条件价值法虽然存在不少缺陷，但作为一种重要的价值评估方法，条件价值法已经得到普遍认可和应用。

环境效益费用分析涉及面广，需要的信息量大，特别是在基础科研方面要求有较多的支持，所以在环境效益费用分析的研究和应用上还存在不少问题。最主要的问题是环境问题的复杂性及对环境产生的效益和损失的经济计量的复杂性。这些都需要在理论和方法上进一步完善。

（2）费用效果分析方法

费用效果分析是一种常用的计量性经济学评价方法，它起源于成本–效益分析，也是起源于经济学、实用工程学和运筹学的结合。费用效果分析用效果–成本比率来表示被评价项目的经济效率，即应用这个比率来表示各方案投入单位成本所取得的效果大小。费用效果分析是指费用采用货币计量，效果采用非货币计量的经济效果分析方法。费用是指为实现项目预定目标所付出的财务代价或经济代价，采用货币计量；效果是指项目结果起到的作用、效应或效能，是项目目标的实现程度。按照项目要实现的目标，一个项目可选用一个或几个效果指标。

对工程项目进行费用效果分析，应重点分析制定实现项目目标的途径和方案，以及评价项目主体效益难以货币化的项目两个方面。费用效果分析与效益费用分析相比，不同之处在于效益费用分析单位统一，认可度高，结果易于被人们接受；费用效果分析回避了效果定价的难题，最适于效果难以货币化的领域。相同之处在于两者评价的基本原则是相同的，即最大限度地节约稀缺资源，最大限度地提高经济效果。

费用效果分析应遵循多方案比选的原则，使所分析的项目满足下列条件：备选方案不少于两个，且为互斥方案或可转化为互斥方案；备选方案应具有共同的目标，且满足最低效果的要求；备选方案的费用应能货币化，并采用同一计量单位且资金用量未突破资金限额；备选方案应具有可比的寿命周期。

项目效果的度量是测算项目费用效果的基础：

$$B = U_{\mathrm{p}} - U_{\mathrm{f}} + I - D \tag{6-39}$$

式中，B 为新项目带来的社会效益；U_{p} 为社会公众使用目前设施的年总成本；U_{f} 为相同的社会公众使用新设施后的年总成本；I 为投资主体取得的收益；D 为投资带来的负效益。

度量公益性项目的效果一般可按照以下步骤进行：①估计每年将有多少人使用新建的设施；②假设这些人现在正使用旧设施，但新设施一旦建成，人们将肯定使用新设施；③估计人们使用旧设施的成本；④估计同样的人们使用新设施的成本；⑤计算人们使用新、旧设施的成本之差，确定公众享受到的好处。

投资主体的费用包括投资成本和运营成本两部分。

第一，投资成本：

$$C = C_f - C_p \tag{6-40}$$

式中，C 为投资成本；C_f 为拟建公益性项目的等额年值投资成本；C_p 为用等额年值表示的目前正在使用的设施余值。

第二，运营成本：

$$M = M_f - M_p \tag{6-41}$$

式中，M 为运营成本；M_f 为拟建公益性项目未来的年运营费；M_p 为目前正在使用的设施的年运营费。

评价指标是效果费用比 $R_{E/C}$ ，评价准则有两种：①固定费用法，投入费用一定，效果最大的方案最佳；②固定效果法，效果一定，投入费用最小的方案最佳。

操作步骤：①确定欲达到的目标；②对目标的要求进行说明和规定；③制定各种可行方案；④建立各方案达到要求的量度指标；⑤确定各方案达到上述指标的水平；⑥通过分析方法选择最佳方案。

6.3 评估方法适用范围分析

选择林业规划实施评估方法时一般应注意以下原则：①根据评估目的进行选择。每种评估方法都有其着重点和适用条件，应选择能够满足评估目的的方法。②根据技术水平和资金预算进行选择。政府对规划的记录、统计并不能满足很多评估方法的信息需求，需要掌握第一手资料和数据，如执行力评估方法、模糊综合评价法都需要从大量问卷中获取林业规划实施的相关信息、利益相关者模式，并需要实地调查，成本较高，且在问卷分析和评估技巧方面要求较高，非职业评估人员的技能水平有可能阻碍评估活动的进行，必要时对相关人员进行培训，增加评估成本，因此林业规划实施评估方法选择要考虑技术和资金因素。③根据评估活动中涉及的非职业评估人员的群体特征进行选择。例如，生态保护和建设政策评估依赖农村社区的参与，而目前农村经济仍存在部分自给自足的经济形式，在评估中要获取准确的数字信息是不现实的，因此要选择适当的定性评估方法。④根据可收集资料的完备程度进行选择。我国的林业规划实施评估并未像制定和执行那样已形成了一整套体制和模式，还处于起步阶段，在制定和执行时没有考虑或不完全考虑后期评估所需资料的收集和整理，因此在评估时常常出现资料信息不足的情况，这时要根据所掌握的信息资料进行评估方法的选择。

第7章　林业规划实施综合评估

7.1　林业规划实施综合评估含义

林业规划实施综合评估属于多属性效用理论范畴，旨在采取定性与定量相结合的方法，构建评估指标体系，确定评估因子权重，对已完成实施的林业规划进行综合性评估。一般是基于林业规划实施的规划方案评估、执行系统评估、执行过程评估、实施效果评估，从宏观层面，综合考虑林业规划实施整体情况，并对其进行综合评估。

7.2　林业规划实施综合评估指标体系

林业规划实施综合评估指标体系由评估的具体内容决定，主要包括林业规划实施的规划方案评估指标体系、执行系统评估指标体系、执行过程评估指标体系、实施效果评估指标体系等，但不是以上各评估指标体系的简单叠加，因为各评估指标体系中有些评估因子是相近的，甚至是重复的，所以要综合考虑进行取舍，重新确定完整的林业规划实施综合评估指标体系。同时，即使是同一个指标因子，其在进行林业规划实施综合评估时的权重值不同于进行单一内容评估时的权重值。

在进行林业规划单一内容评估时，指标因子的权重值仅从该内容的范围考虑。在进行林业规划实施综合评估时，分析评估要从林业规划实施整体情况出发，因此各指标因子的权重值也将置于综合评估的全局考虑。

7.3 林业规划实施综合评估指标因子权重确定方法

林业规划实施综合评估面对的是众多不同性质的单项指标因子，所以在确定评估指标因子后，还要确定各指标因子的权重。林业规划实施综合评估指标因子权重不是人们主观臆断的东西，而是在社会经济及林业发展的大背景下，从整体的地位与作用的隶属关系出发而确定的，可以说是一个相对的概念，不容易精准确定。因此，人们在探索林业规划实施综合评估各指标因子权重获得的方法上，开展了大量的研究工作。目前，林业规划实施综合评估可以采取的权重处理法主要包括德尔菲法、频数统计分析法、指标值法、因子分析法、相对系数法、模糊逆方程法和层次分析法。

7.4 林业规划实施综合评估方法

林业规划实施综合评估是个系统工程，涉及的内容很多，使用的方法也很多，常用的有成功度评估法、模糊综合评价法和多目标决策法、数据包络分析法、数理统计法、人工神经网络法、可拓决策评估法及各类方法的综合运用等。

7.4.1 成功度评估法

成功度评估法是依靠评估专家组的经验，综合林业规划实施综合评估各项指标的评估结果，对林业规划实施综合的成功程度给出定性的结论。成功度评估是以逻辑框架法分析的林业规划实施综合目标的实现程度、实施过程的科学性和综合效益分析的评估结论为基础，以可持续性保障所进行的全面系统的评估。

林业规划实施综合评估的成功度可分为五个等级：

第一等级，完全成功。林业规划实施综合目标都已全面实现或超过，相对成本而言，林业规划实施取得巨大的生态、经济和社会效益。

第二等级，成功。林业规划实施大部分综合目标已经实现，相对成本而言，林业规划实施达到了预期的效益和影响。

第三等级，部分成功。林业规划实施实现了原定的部分目标，相对成本而言，林业规划实施取得了一定的效益和影响。

第四等级，不成功。林业规划实施综合实现的目标非常有限，相对成本而言，林业规划实施几乎没有产生正效益和影响。

第五等级，失败。林业规划实施综合目标未实现或无法实现，相对成本而言，林业规划实施不得不终止。

在评定具体林业规划实施综合成功度时，首先要根据具体林业规划实施的类型和特点，确定评估指标与林业规划实施综合评估的相关程度，将其分为重要、次重要和不重要三类，对不重要的指标就不用测定，只需要测定重要和次重要的指标。

在测定各项指标时，采用打分制，即按照完全成功、成功、部分成功、不成功、失败五个等级分别打分。通过指标重要性分析和单项成功度结论的综合，得到林业规划实施综合整体成功度指标。

运用成功度评估法对林业规划实施综合评估，严格意义上说，是依靠评估专家或专家组的经验，综合各项指标的评估结果，对林业规划实施的综合成功程度给出定性的结论。

7.4.2 模糊综合评价法

综合后评估具有多方面性、多层次性、模糊性和同一层次各因素的不同重要性的特点，以精确性著称的传统数学方法难以解决这类问题，模糊数学作为一门研究和处理模糊现象的数学分支，它的诞生提供了数学语言和定量方法，由模糊数学与层次分析法相结合而产生的多层次模糊综合评估原理，运用于林业规划实施综合评估，可以较好地解决上述问题。运用模糊数学进行定量分析，并非要排斥林业规划实施综合评估原有的一些定性分析，而是给林业规划实施综合评估定性分析提供了一种辅助工具。

模糊综合评价法是一种用于涉及模糊因素对象系统的综合评价方法。设 U 是评语集（等级论域），V 是因素集（因素论域）：

$$U=(U_1,\ U_2,\ \cdots,\ U_m)$$
$$V=(V_1,\ V_2,\ \cdots,\ V_n) \tag{7-1}$$

对第 i 个因素的单因素评估为 $\underset{\sim}{R_1}$：$\underset{\sim}{R_1}=(r_{i1},\ r_{i2},\ \cdots,\ r_{im})$，$(i=1,\ 2,\ \cdots,\ n)$，其中 $\underset{\sim}{R_1}$ 是 U 上的一个模糊子集，r_{ik} 是第 i 个因素的评估对于第 k 个等级的隶属度 $k=(1,\ 2,\ \cdots,\ m)$。

对 n 个因素总的评估可用矩阵 $\underset{\sim}{\boldsymbol{R}}$ 表示：

$$\underset{\sim}{\boldsymbol{R}}=\begin{bmatrix} r_{11} & \cdots & r_{1m} \\ r_{21} & \cdots & r_{2m} \\ \vdots & & \vdots \\ r_{n1} & \cdots & r_{nm} \end{bmatrix} \tag{7-2}$$

在进行综合评估时，还要考虑各因素对评估等级的作用大小，即每个因素确定相应的权重，它们构成 V 上的一个模糊子集 $\underset{\sim}{A}$：

$$\underset{\sim}{A}=(a_1,\ a_2,\ \cdots,\ a_n),\quad \sum_{i=1}^{n} a_i=1 \tag{7-3}$$

式中，a_i 为因素 V_i 对 $\underset{\sim}{A}$ 的隶属度，它表示单独考虑因素 V_i 对评估等级所起作用的大小，代表根据单因素 V_i 评估等级的能力。

上述 r_{ik} 和 a_i 的设定，是综合评判中的重要环节，具体数值应反复听取各方面专家意见，灵活处理，可采用德尔菲法。通常还可以采用层次分析法给出 a_i。

根据 $\underset{\sim}{A}$ 和 $\underset{\sim}{\boldsymbol{R}}$，利用模糊数学模型，可得综合后评估的结果 $\underset{\sim}{B}$：

$$\underset{\sim}{B}=\underset{\sim}{A}\,\underset{\sim}{\boldsymbol{R}}=(b_1,\ b_2,\ \cdots,\ b_n)\xrightarrow[\underset{\sim}{A}]{\text{因素}}\boxed{\begin{matrix}\text{评价矩阵}\\ \underset{\sim}{\boldsymbol{R}}\end{matrix}}\xrightarrow[\underset{\sim}{B}]{\text{评价结果}} \tag{7-4}$$

根据 $\underset{\sim}{A}\,\underset{\sim}{\boldsymbol{R}}$ 取不同类型运算可得到不同模型，取其中一种：$\underset{\sim}{A}\,\underset{\sim}{\boldsymbol{R}}=\underset{\sim}{A}\ 0\underset{\sim}{\boldsymbol{R}}$。

类似普通的矩阵乘法，只要将乘号改为“ ∧ ” （取小），将加号改为“ ∨ ”（取大），即

$$b_j = \bigvee_{i=1}^{n} (a_i \wedge r_{ij}) = \max[\min(a_1, r_{1j}), \cdots, \min(a_n, r_{nj})] \tag{7-5}$$

将 $\underset{\sim}{B}$ 归一化，按最大隶属度原则，取 b_1，b_2，…，b_m 中最大值所对应等级为综合评估的等级。

可以将上述思想进一步应用到多级模糊综合后评估。复杂系统需要考虑的因素往往较多，若将因素按属性分类，对每一类按模型进行综合评估，再对各类综合评估结果进行高层次综合，可得多级模糊综合评估模型。采用二级模糊评估模型，可得：

$$\underset{\sim}{A} \, O \underset{\sim}{\boldsymbol{R}} = \underset{\sim}{A} \, O\left(\frac{\underset{\sim}{B_1}}{\underset{\sim}{B_2}}\right) = \underset{\sim}{B} = (b_1, \cdots, b_m) \tag{7-6}$$

模糊综合评价法可以较好地解决林业规划实施综合评估中的模糊性。模糊综合评价法优点是可对涉及模糊因素的对象系统进行综合评价，而且更加适用于评估因素多、结构层次多的对象系统。

7.4.3 多目标决策法

多目标决策法有以下几种：①化多为少法，即通过多种汇总的方法将多目标演化成一个综合目标来评估，最常用的有加权和法、加权平方和法、乘除法和目标规划法等；②分层序列法，将所有目标按重要性次序排列，重要的优先考虑；③直接求所有非劣解的方法；④重排次序法等。多目标决策法和理论的研究在近年有了很大发展。计算机的广泛应用，人工智能、知识工程和专家系统的飞速发展，决策支持系统的研究与开发，与多目标决策法的理论和方法一起有力促进了管理决策科学化的进程。多目标决策法现已在社会、经济和工程等领域得到广泛应用。多目标决策法比较严谨，要求林业规划实施综合评估对象描述清楚，评估者能明确表达自己的偏好，这对于某些涉及林业规划实施综合评估模糊因素、评估者难于确切表达自己偏好问题的求解带来了一定困难。

7.4.4 数据包络分析法

数据包络分析法用来评估多输入和多输出的“部门”（称为决策单元）的相对有效性。数据包络分析法可以看作是一种非参数的经济估计方法，实质是根据一组关于输入、输出的观察值来确定有效生产前沿面。数据包络分析法有效性与相应的多目标规划问题的有效解（或非支配解）是等价的。数据包络分析法的应用领域也很广泛，可以用于多种方案之间的有效性评估、技术进步评估、规模报酬评估及企业效益评估等。模型清楚，但其应用范围限于一类具有多输入多输出的对象系统的相对有效性评估。由于林业规划实施综合评估有效单元所能给出的信息较少，如何指导这类单元进一步保持其相对有效地位是林业规划实施综合评估实际工作时面临的重要问题。

7.4.5 数理统计方法

数理统计方法主要应用主成分分析、因子分析，聚类分析、判别分析等方法对一些对象进行分类和评估。数理统计方法已经在环境质量、经济效益的综合评估及工业主体结构的选择等方面得到了应用。数理统计方法具有指标结构层次相对简单、明确，指标值的确定受人为打分的影响较小，统计数据的获得较为容易、处理较为方便等特点。该方法评估较为客观，比较适宜对林业规划实施综合评估指标间彼此相关程度较大的对象系统进行评估。不足之处是给出的林业规划实施综合评估结果仅对方案决策或排序比较有效，并不反映现实中林业规划实施综合评估目标的真实重要性程度，应用时要求林业规划实施综合评估对象的各因素需有具体的数据值。

7.4.6 人工神经网络法

人工神经网络法在综合项目评估中，目标属性间的关系大多为非线性关系，一般的方法很难反映。难以描述评估方案各目标间的相互关系，更无法用定量关系式来表达它们之间的权重分配，只能提供各目标的属性特征，以及同类方案以往的评估结果。人工神经网络法的前提条件之一，是利用已有方案及其评估结果，根据所给新方案的特征，就能对方案直接进行评估。因此，近些年综合评估中有关人工神经网络的应用研究有很多。人工神经网络所具有的自学习能力，使传统专家系统最感困难的知识获取工作转化为网络的变结构调整过程，从而大大方便了知识的记忆和提取。通过学习，可以从林业规划实施综合评估典型事例中提取所包含的一般原则，学会处理具体问题，且对不完整信息进行补全。人工神经网络法用于林业规划实施综合评估，既具专家系统的作用，又具有比传统专家系统更优越的性能。

7.4.7 可拓决策评估法

我国学者蔡文于 1983 年创立的物元分析，是系统科学、思维科学和数学相互交叉的边缘学科，是研究物元及其变化并用以解决矛盾问题的理论和方法。物元分析一经诞生，便引起国内外许多专家学者的关注。在物元分析基础上发展的多目标决策方法——可拓决策评估法，以可拓集合为数学工具，用关联函数来分析决策对象目标间的相容性，通过物元变换，化矛盾问题为相容问题。可拓决策评估法最大限度地满足主系统、主指标的要求，对非主系统中的矛盾问题进行物元变换，以此获得全局性的最佳决策。可拓决策评估法用于林业规划实施综合评估，不仅可以对已有的方案进行评估和优选，研究怎样产生更好的方案；同时，还可以融合其他的决策技术，如引入人工智能，从而将定量计算与定性分析相结合。

以上各种评估方法在某一领域的运用已经比较成熟，但每个方法都有其适用范围、背景，没有绝对最优方法。林业规划实施综合评估的方法总体上应该定量分析与定性分析相结合。在林业规划实施综合评估的实践过程中，首要的核心问题在于根据实际情况，确定评估方法的合理性、适用性之后，选择运用相应的评估方法。综合运用各种评估可以提高评估结果的可靠性，这也是林业规划实施综合评估方法研究发展的趋势。主要趋势有两种：一种是在林业规划实施综合评估过程中，同时使用几种评估方法，这样一般会得到不同的评估结果，然后对各个结果以一定的方法进行综合，进行最终评估；另一种是综合运用几种理论方法形成新的评估方法，这是林业规划实施综合评估方法论研究的难点和趋势。

7.5　林业规划实施综合评估结论、问题与建议

对林业规划实施进行综合评估，得出评估结论，分析存在的问题，并据此提出合理化建议，是对林业规划实施综合评估最重要的环节，该部分也是全面反映林业规划实施综合评估整体情况的重要文书。

7.5.1　林业规划实施综合评估需要得出的结论

林业规划实施综合评估是一项繁杂的系统工程，涉及的内容非常广泛，最终要根据系统科学的原理，在对林业规划实施的规划方案评估、执行系统评估、执行过程评估、实施效果评估进行综合分析评估的基础上，参考各分项评估结论，从宏观层面上得出林业规划实施综合评估结论。

结论具体包括：①综合评估林业规划方案是否符合国家法规、标准要求；②综合评估林业规划执行过程是否科学合理，是否符合林业项目建设实际情况；③综合评估林业规划资金估算与融资方案是否合理可行；④综合评估林业规划实施所取得的生态、经济与社会效益是否达到预期目标；⑤综合评估林业规划风险分析与预案执行对比情况；⑥综合评估林业规划实施的可借鉴性与可持续性。

7.5.2 林业规划实施综合评估需要分析的问题

在对林业规划实施进行综合评估的过程中，会存在许多影响因素，这些影响因素对林业规划实施综合评估造成正面或负面的影响。正确分析这些因素，会减少评估分析偏差，确保林业规划实施综合评估更科学、合理。

第一，政府政策因素。政府政策因素，即哪些政府部门参与了林业规划实施综合评估，这些部门的作用和各自的目的是什么；根据这些目的所提出的条件和各部门的决策是否符合实际；政策的变化是否影响林业规划实施综合评估的正常进展与结论的科学性。

第二，管理、组织和参与因素。管理、组织和参与因素，即从林业规划实施综合评估各个机构的能力和效率来分析影响林业规划实施综合评估的条件，如林业规划实施综合评估管理人员的素质和能力、管理机构和制度、组织形式和作用、人员培训和能力、地方政府和群众的参与和作用等。

第三，技术因素。技术因素包括分析开发新技术对于林业规划实施综合评估的影响，在科学技术领域的成果是否可以被接受并推广应用于林业规划实施综合评估，以及科学技术的掌握和人员素质等问题。

第四，社会文化和生态环境因素。林业规划实施综合评估应特别注意这两方面可能出现的作用和影响，以及今后值得借鉴的经验和教训。

7.5.3 林业规划实施综合评估应提出的合理化建议

对林业规划实施进行综合评估是增强林业规划制定者、管理者和林业工程建设者工作责任心的重要手段。通过分析采纳林业规划实施综合评估提出的合理化建议，可为提高决策水平和投资效益服务，即通过利用林业规划实施综合评估提出的建议反馈，完善和调整相关方针、政策和管理程序，提高林业规划决策者、制定者的能力和水平，进而达到提高林业工程投资效益的目的，同时可促进其他类似林业规划决策的制定更加科学和规范。内容主要包括：第一，对林业规划实施综合评估因受条件限制而遗留的问题提出改进方向和措施建议；第二，针对规划方案评估、执行系统评估、执行过程评估、实施效果评估，提出各有侧重的综合性建议；第三，其他建设性的建议和展望。

第 8 章 林业规划实施评估程序

林业规划实施评估程序是规范评估行为、提高评估质量和评估公信力的重要保证，科学的评估程序不仅可以有效地保证评估实施的进度，还有利于限制和缩小评估者主观随意性的自由度，减少评估失误，保证评估结果的质量和可信度。因此，制定规范化的林业规划实施评估程序具有重要的现实意义。一般来说，林业规划实施评估作为一个由多阶段、多环节组成的连续的动态过程，包括一系列有计划、按步骤进行的活动。具体来说，其程序包括评估准备阶段、评估实施阶段、评估报告撰写、评估报告审定和修订、评估报告备案和发布五个阶段，详述如下。

8.1 评估准备阶段

评估准备阶段是评估程序的第一阶段，由于林业规划实施周期长、涉及面广、内容复杂，做好评估准备阶段的工作对于确保评估的成功具有极为重要的意义。具体来说，评估准备阶段主要包括以下三个环节。

8.1.1 了解被评估林业规划的具体内容与相关背景

作为评估准备阶段的第一步，了解被评估林业规划的具体内容与相关背景实质上是对被评估对象进行一次全面的回溯性分析。其基本内容主要包括两个方面：一是了解林业规划本身的基本信息，主要包括规划的具体名称、需要解决的关键问题、规划目的、规划具体目标、规划制定的依据、规划的具体内容、针对的目标群体、规划的执行体系等；二是了解林业规划制定和执行的具体情境，主要包括林业规划制定的社会背景、林业规划实施区域的林业发展状况和社会经济状况、规划实施机构的概况等。

8.1.1.1 分析林业规划要解决的关键问题和确定评估的目标

在获得林业规划基本信息之后，评估者首先需要了解该规划所要解决的关键问题是什么？从而将林业规划文件与所要解决的关键问题联系起来，以全面分析规划制定的逻辑框架，明确评估的主要目标。

8.1.1.2 确定林业规划所涉及的利益相关者

所谓“利益相关者”是指那些与规划实施有直接或间接关系的个人、团体或组织，主要包括三类主体：一是参与林业规划制定或实施的人员或组织；二是与被评估的林业规划有直接或间接利益关系的人员或组织，包括规划所涉及区域的当地政府部门、林区社区等；三是与林业规划没有直接或间接的利益关系，但是对该规划表示强烈关注的人员或组织，如一些媒体、环保非政府组织等。

正确鉴别出林业规划所涉及的“利益相关者”非常重要，其重要性主要体现在以下三个方面：第一，它有助于评估者了解林业规划在实施过程中涉及哪些因素，从而构建评估分析框架；第二，有助于评估者找出影响规划执行过程和执行效果的关键因素，确定评估的重点；第三，为开展规划实施评估提供了信息源。因为在随后的评估过程中，需要通过与利益相关者访谈获得各种信息。因此，为了确保这些利益相关者对评估工作的支持，必须建立良好的利益相关者沟通机制。

8.1.1.3 进一步明确林业规划的具体目标

林业规划实施评估的最主要目的就是衡量规划实现其预期目标的程度，因此明确规划的具体目标至关重要。该阶段之所以称为“进一步明确”，重点在于强调在获取规划文件等基本信息之后，需要通过更深入的分析，将规划文本中笼统、模糊不清的目标，转化成明确、具体的目标，以作为规划实施评估过程中需要重点分析的对象。

8.1.1.4 分析林业规划的主要组成部分及它们之间的内在联系

在明确了林业规划的具体目标之后，需要对规划的主要组成部分进行分析，确定各个组成部分之间的关系，为后续的规划实施评估分析奠定基础。这些内容在规划文本中一般不明确表述，需要评估者与评估制定人员和实施人员进行沟通来掌握。

8.1.1.5 了解林业规划的实施方式和方法

在明确了林业规划的具体目标和组成部分之后，接下来需要对规划的实施方式和方法进行分析，初步判定这些方式方法对实现规划目标的合理性、可行性和可操作性，为后续实地评估打下基础。

8.1.1.6 分析林业规划制定和实施的情境

在林业规划实施评估中，除了了解规划信息之外，还应全面了解规划制定和实施的各种情境因素，包括林业规划制定的社会背景，规划的关键决策部门、参与部门，规划实施区域的社会经济状况、林业发展状况，以及规划实施主体的基本情况等。

8.1.2 形成林业规划实施评估方案

在基本掌握了规划的基本内容及相关背景之后，一个重要的环节就是为开展实地评估设计评估方案，以形成一个可操作的评估流程。林业规划实施评估方案是指导全部评估工作的蓝图，评估方案设计是否科学合理，集中体现了评估者的水平、能力和经验，反映了评估的技术路线，也直接决定着评估的最终质量，因此它是林业规划实施评估工作中最为重要、也最为复杂的环节。

林业规划实施评估方案的复杂程度主要取决于规划本身的复杂程度，以及实施过程的复杂程度。一个好的评估方案应当具有全面性、科学性、可行性、可操作性、有效性等特征。一般来说，林业规划实施评估方案通常需要以书面的形式详细说明以下几个方面的内容。

8.1.2.1 评估的目的和意义

林业规划实施评估是一种出于积极动机和目的并在理性主导下进行的活动。因而在评估方案中要明确指出评估的目的和意义。基本上，林业规划实施评估的主要目的就是通过对已经付诸实施的林业规划在特定的实施阶段所产生的实际效果和发挥的实际作用进行评估，以便准确把握规划实施的方向和进展，明确规划实施的效果和存在的问题，提出改进和调整的意见，为规划下一段的实施和调整提供依据。

8.1.2.2 评估的具体内容与重点

林业规划实施评估涉及多方面的内容，在实际工作中，需要根据评估的类别（年度评估、中期评估、终期评估等），以及评估实施条件、评估时间等因素，确定评估的具体内容和重点。

8.1.2.3 评估所依据的标准

在确定了评估的具体内容与重点之后，就需要确定评估所依据的标准。因为采用不同的标准评估相同的内容，常常会导致不同的结论。因此，在制定评估方案时，应当根据评估的内容，将其涉及的林业相关标准，以及国家的相关要求确定出来，以此作为评判的依据。这就要求评估者必须熟悉针对林业规划内容的所有国家标准和行业标准，必要时也可咨询相关专家来协助确定，以保证评估工作的规范性和科学性。

8.1.2.4 数据或信息的收集与分析方法

评估结论不仅取决于所依据的标准，而且受数据或信息收集、分析方法的影响。针对具体的林业规划实施评估，收集方法的选择应依据所需资料和数据的数量、类型、信息源等因素来确定。一般情况下，文献法和调查法应用得较多。分析方法主要有定性和定量分析两种方法。评估者应根据评估目的、评估内容、所获得信息类型等因素来综合考虑到底选用何种分析方法。

8.1.2.5 定性和定量的评估方法

评估方法主要有定性和定量两类方法，这两类方法各有特点、互有短长，其使用范围也不尽相同，因此需要评估者根据具体政策的特点进行选择。一般来说，那些宏观层次、范围广、效果和影响难以用数量指标衡量的规划内容，需要用定性评估方法；而那些效果和影响可以量化的规划内容，则应采用定量评估方法。

8.1.2.6 评估报告的格式

为了确保评估结果的规范性，在评估方案中应确定评估报告的格式，确保评估报告能够反映足够的信息和证据，体现出林业规划实施的进展情况和效果。

8.1.2.7 评估报告的审查制度

为了确保评估报告的客观性、科学性，应建立评估报告的审查制度，对报告质量进行把关。因此，在评估方案中应仔细设计评估报告的审查制度，包括审查程序、审查方法等。

8.1.2.8 评估工作的时间和进度安排

林业规划实施评估不仅要考虑评估质量问题，也要考虑效率问题。因此，在评估方案中应确定评估工作进度，以确保能够在规定的时间内高质量地完成评估工作。

8.1.2.9 评估经费来源和预算安排

林业规划实施评估工作需要经费投入，因此充分保障评估经费至关重要。

同时，在经费有保障的前提下，还需要制定详细的经费使用计划，分类计算人员成本和非人员成本。人员成本主要包括雇佣人员报酬、工资和津贴等人工成本；非人员成本主要包括设备费、差旅费、通信费等。

以上九个方面是林业规划实施评估方案所涉及的主要内容。另外需要注意的一点是，在评估方案的制定过程中，评估者必须与规划制定部门和实施机构进行经常性沟通和交流，以避免评估者的主观偏见，尽量确保评估方案的合理性和可行性。

8.1.3 评估的组织准备

周密的组织准备是林业规划实施评估工作得以顺利进行并取得成效的前提条件，如果组织准备比较充分，就能抓住关键问题，明确评估的中心和重点，避免评估工作的盲目性。因此，应高度重视评估的组织准备工作，并制定相应的人员计划。

一般来说，评估的组织准备主要为以下三个方面的内容。①确定评估组的规模。应当根据评估设计内容的复杂程度，确定评估组的人数。②确定评估组成员的知识结构和专业背景。林业规划实施评估实际上是一项多学科交叉的应用研究，因此应依据规划的内容确定评估组成员的知识结构和专业背景，以确保评估成果的质量。③明确评估组各成员的分工。为发挥出各成员的特长，应依据成员的知识背景、理论素养和评估经验，进行合理分工，确保评估工作的高质量完成。

8.2 评估实施阶段

在经过充分准备之后，林业规划实施评估就进入实质性评估实施阶段，该阶段直接影响评估结果的科学性和可靠性，主要包括以下两个环节。

8.2.1 林业规划实施相关数据和信息的搜集

充分地收集规划实施的相关数据和信息是获得科学、可靠评估结果的基础，是促进评估工作深入开展的前提。随着评估实践不断向广度和深度推进，有关规划信息搜集的方法也日趋丰富和完善。

从程序上讲，相关数据和信息的搜集工作主要包括以下三个方面：首先需要根据已经确定的评估标准和指标进行文献资料的收集（包括宏观数据、年度自查报告、环境条件等）；其次还需要到规划实施地点开展实地调查(包括重点信息的核查、数据的测定和相关利益方的访谈等)；最后对收集的数据和信息进行全面的分类整理。

8.2.2 林业规划实施相关数据和信息的分析

在完成数据和信息的收集和整理后，接下来的任务就是对这些信息资料和数据进行科学分析，以便对该林业规划执行的效果进行分析、比较与综合。基本的分析方法有三种：统计分析、逻辑分析和理论分析。

从程序上讲，相关数据和信息的分析工作主要包括以下三个方面：首先，对收集到的信息资料进行归纳分析；其次，对相关数据根据抽样方法进行统计分析；最后，还要对林业规划实施条件的变动进行变动性分析，以便掌握实施的最新动态。

8.3 评估报告撰写

林业规划实施评估报告是评估成果的集中体现，是整个评估活动的结晶，同时也反映出了评估者的能力与水平。一份优质的林业规划实施评估报告，更容易得到各利益相关方的接受和采纳。基本上，评估报告的撰写环节主要包括以下几个方面。

8.3.1 信息与数据的综合分析与验证

“尊重客观事实，有确切的评判依据，确保评估结论的真实、可靠、科学、合理”是对评估报告的基本要求。为了达到这一要求，首先就要对已经进行初步整理与分析的信息资料与数据进行综合分析和验证，以便对已有的信息与数据进行去粗取精、去伪存真，对缺乏的信息与数据进行进一步搜集和补充，对相互矛盾的信息与数据进行进一步的验证。只有在进行一体化整合、综合分析和多方验证的基础上，撰写出来的评估报告才具有价值和借鉴意义。

8.3.2 确定评估报告的基本结构

一般而言，一份规范化的书面林业规划实施评估报告应当包括以下几个组成部分。

8.3.2.1 标题页

标题页应当包括林业规划实施评估报告的题目、提交日期、提交对象、报告撰写人等信息，其中评估报告题目应当简洁而醒目，也可以采取双标题（主标题+副标题）的形式。

8.3.2.2 评估摘要

评估摘要是整个林业规划实施评估报告的“精简版”，内容一般包括：概述评估任务、对象及要求，评估的主要程序，简要的结论，以及已经分析得出的建议。在文字上，评估摘要应力求简明扼要地反映报告的主要观点，其字数一般在1000字左右。

8.3.2.3　目录

目录一般应包括三级标题，以便读者迅速了解报告的整体框架和内容安排。

8.3.2.4　前言

作为评估报告正式内容的开头部分，前言一般应简要描述林业规划实施评估的大致背景，被评估林业规划的主要特点，以及评估工作过程与组织管理情况。同时，前言还包括基础资料和其他原始资料的来源及其代表性、可靠性的说明。

8.3.2.5　评估目的、依据、原则、内容、方法、标准和程序等

简要概述本次评估的目的、评估的原则及依据的标准和技术规程、主要的评估内容、采用的评估方法，以及本次评估的程序等，以便读者对本次评估有一个概括性的了解。

8.3.2.6　各部分的评估结果

该部分将详细介绍规划各部分的分析结果，也可以根据评估组的专业分工，分专业论述评估结果。该部分应全面展示收集和测定的所有信息和数据，并阐述所有的分析过程和得出的评估结果。该部分是整个评估报告最核心的部分。

8.3.2.7　总体评估结论和建议

在评估结果的基础上，本部分将简要概述本次评估过程中的主要结论，并提出相应的建议。得出的结论应基于评估结果，并清楚地阐述二者之间的因果关系。另外，提出的建议应注意针对性，并具有可操作性。

8.3.2.8　附件

附件主要是评估报告中涉及的相关图表、征求和采纳公众意见情况，支

持性的相关文件，以及其他对一个全面的评估报告必不可少的信息。

8.3.3 评估报告撰写分工

在明确了评估报告的基本结构之后，下一阶段就是评估报告的撰写阶段。为了发挥评估小组每个人的特长，最好由评估组组长根据评估工作的分工情况，对应地进行报告撰写的分工。

另外，在评估报告分工时，最后统一说明一下撰写评估报告的基本要求。林业规划实施评估报告不是学术论文，也不是新闻报道，而是供相关主管部门使用的评估性报告。因此，在文字表述等方面，林业规划评估报告应达到如下要求：

第一，简明扼要，逻辑性强。应削减烦冗词汇，尽量使用主动语态，语句和段落在逻辑上应当彼此承接，避免跳跃。

第二，阐述准确，可信度高。报告中的观点或结论要有经验证据支持，客观反映评估过程和结果，坦率承认各种客观或主观原因（如时间和资源的限制等）导致的评估报告中的不足。

第三，尽可能对评估结论进行敏感性分析，即有些指标需要连续性监测才能得出可靠的结论，目前评估阶段的某些结论只是初步的判定，需要在后续的评估活动中加以验证。

8.3.4 评估报告汇总和小组内部的讨论和修订

为了确保整个评估报告的逻辑一致性和语言连贯性，在评估组成员分别完成各自负责的评估报告之后，评估组长统一进行汇总。汇总完成之后，评估组长还应召开评估组内部会议，对于发现的问题进行讨论，进一步修订报告内容，确保评估报告的质量。

8.4 评估报告审定和修订

评估报告的完成并不意味着整个评估活动的结束，为了确保评估结论的科学性和权威性，还需要经过评估报告审定和修订的过程，该过程主要包括以下几个环节。

8.4.1 将评估报告送交相关部门和同行专家进行书面盲审

评估组或评估机构完成评估报告后，应及时将评估报告提交评估组织单位。然后，评估报告由评估组织单位送交相关单位和同行专家进行书面盲审。这样做的目的主要有三个：一是有助于排除干扰，客观、公正、理性地衡量和评判评估报告；二是有利于按照统一的标准对评估报告内容和格式进行规范，确保评估报告内容和格式的连续性和一致性，有利于以后的监督审查；三是通过同行评议，对评估结论进行进一步验证，有助于提高评估结论的准确性。

8.4.2 评估组根据审定专家的意见，对评估报告进行修订

评估报告审定以后，评估组或评估机构应根据审定专家提出的意见对评估报告进行补充和修订，必要时还可开展补充调查。

8.4.3 提交修订后的评估报告

一般情况下，评估组应在收到审定专家意见后的 20 日内，再次向评估组织单位提交修订后的评估报告。

8.4.4 评估报告的再次审定和定稿

评估组织单位在收到评估组提交的修订后的报告后，将组织相关单位和专家委员会召开审定会议。审定会议的主要议程包括评估组或评估机构首先对评估过程进行全面汇报；然后介绍一下评估报告的主要内容，重点对依据审定专家意见修订的内容，或是拒绝接受意见的理由等进行说明；随后是质询和答疑时间；最后对评估报告内容达成一致意见后，形成评估报告的审定稿。通过审定会议之后，评估报告才能进行定稿。至此，评估报告的环节才算最终完成。

8.5 评估报告备案和发布

林业规划实施评估报告的审定完成并不意味着整个评估过程的结束。为了加强林业规划实施评估的管理，鼓励公众的参与，接受公众的监督，评估报告的备案和发布也是评估程序中的重要一环。具体来说，评估报告的备案和发布主要包括以下几个步骤。

8.5.1 评估报告上报规划批准部门进行备案

林业规划实施评估报告定稿以后，将由规划管理部门及时上报规划批准部门备案，以便强化对评估活动的监管。

8.5.2 评估报告及时反馈给规划实施单位

评估报告作为评估成果的集中体现，并不是仅仅上报给规划管理部门和规划批准部门，还应及时反馈给规划实施单位，作为其改进下一阶段规划实施工作的依据。这样有利于规划实施单位及时地修正评估过程中发现的问题，同时采纳专家的意见和建议，不断提高规划实施能力。

8.5.3 向社会公布评估结果

提高透明度也是对评估活动的一项要求。因此，除法律、行政法规另有规定及涉及国家秘密的内容外，应当向社会公布林业规划实施评估的结果，接受有关部门和公众的监督。特别对于林业规划而言，由于林业自身具有的生态公益性、社会性等特点，林业作为一项社会公益事业，林业规划中的各项活动涉及社会公众的各种利益，因此接受社会公众监督，鼓励各利益相关方的积极参与就显得尤为重要。具体的公布方式有很多，包括在规划管理部门和规划实施单位相关网站上公布，在报纸等新闻媒体上发布等。同时，向社会公布评估结果，不仅有利于规范评估机构的评估活动，而且也有利于民众行使知情权、监督权，更好地监督规划实施单位的改进活动，促进规划实施得到各利益相关方的支持和协助。

至此，整个林业规划实施评估活动全部完成。

参考文献

巴里·德拉尔·克莱顿，巴里·赛德勒．2007. 战略环境评价：国际经验与实践［M］. 鞠美庭，吴波，王勇，等译．北京：化学工业出版社．

白灵．2010. 临河区退耕还林工程社会影响评价研究［D］. 呼和浩特：内蒙古农业大学硕士学位论文．

包存宽，尚金城，陆雍森．2001. 前后对比分析法在战略环境评价中应用初探［J］. 环境科学学报，21（6）：754-758.

彼得·罗西，霍华德·弗里曼，马克·李普希．2002. 项目评估：方法与技术［M］. 6版．邱泽奇，等译．北京：华夏出版社．

陈薇，杨春河．2006. 河北省财政扶贫政策绩效评价实证研究［J］. 农业经济，（7）：58-59.

陈伟琪，侯小凤，刘岩．2000. 论环境费用效益分析方法［J］. 中国经济问题，（3）：49-54.

陈信旺，黄朝法，陈怡，等．2016. 林业规划编制实践与要点［J］. 林业勘察设计，（2）：1-4.

程龙．2002. 线性规划在企业商誉评估中的应用［J］. 交通财会，（9）：23-24，26.

戴智，戴毅．2009. 逻辑框架法在工程项目后评价中的应用［J］. 港工技术，46（5）：26-29.

段庆锋，赵天忠．2004. 区域森林资源可持续发展评价指标体系浅谈［J］. 林业资源管理，（3）：56-58.

范英．2009. 数据包络分析及其应用：基于江苏农业的实证分析［D］. 南京：南京农业大学硕士学位论文．

范增伟，赵华，陈晓蔚．2011. 日元贷款河南省造林项目绩效评价分析［J］. 河南林业科技，（4）：26-28.

冯洁．2007. 中国林业政策评价研究［D］. 福州：福建农林大学硕士学位论文．

高峻，张劲松，孟平，等．2006. 中阳黄土丘陵沟壑区林草复合模式的气候生态效应［J］. 中国农业气象，27（3）：167-170，174.

古丽努尔·沙布尔哈孜，尹林克，热合木都拉·阿地拉，等．2004. 塔里木河中下游退耕还林还草综合生态效益评价：以新疆生产建设兵团农二师33团为例［J］. 干旱区研究，21（2）：161-165.

郭亚军，姚顺波，李桦．2007. 退耕还林政策对吴起县农业综合生产力的影响分析［J］. 中国农业科技导报，9（2）：116-120，125.

黄旬 . 2009. 层次分析法原理与分析法的风险量化研究 [J]. 高校科研，(11)：24-26.

贾长荣，郭应祥，任迎丰，等 . 2009. 济源市退耕还林工程的经济和社会效益分析 [J]. 河南林业科技，29 (4)：38-41.

景彦勤 . 2006. 解析与构建林业支出项目绩效评价指标体系 [J]. 绿色财会，(8)：3-5.

卡尔 · 帕顿，大卫 · 萨维奇 . 2002. 公共政策分析和规划的初步方法 [M]. 2 版 . 孙兰芝，胡启生译 . 北京：华夏出版社 .

雷跃平 . 2008. 林业建设项目可行性研究中环境影响评价初步探讨 [J]. 中南林业调查规划，27 (3)：1-3，10.

李周，徐智 . 1984. 森林效益货币计量的实质、意义和原则 [J]. 林业经济，6 (3)：46-52.

梁伟，白翠霞，孙保平，等 . 2006. 黄土丘陵区退耕地土壤水分有效性及蓄水性能：以陕西省吴旗县柴沟流域为例 [J]. 水土保持通报，26 (4)：38-40.

刘炳胜，包寒蕊，马爱英，等 . 2006. 基于逻辑框架法的项目策划应用研究 [J]. 科技管理研究，26 (2)：114-116.

刘广全，唐德瑞 . 1997. 黄土高原渭北生态经济型防护林体系综合效益计量与经济评价 [J]. 西北林学院学报，12 (2)：25-30.

梅再美，熊康宁 . 2003. 喀斯特地区水土流失动态特征及生态效益评价：以贵州清镇退耕还林（草）示范区为例 [J]. 中国岩溶，22 (2)：136-143.

慕长龙，龚固堂 . 2000. 防护林体系综合效益评价研究述评 [J]. 四川林业科技，21 (1)：13-19.

尼古拉斯 · 亨利 . 2017. 公共行政与公共事务 [M]. 10 版 . 孙迎春译 . 北京：中国人民大学出版社 .

潘尤虎 . 2005. 战略环境评价方法学体系研究 [D]. 合肥：合肥工业大学硕士学位论文 .

彭斌，李世聪 . 2001. 环境资源价值的线性规划模型计量 [J]. 长沙交通学院学报，(4)：79-81.

施源，周丽亚 . 2008. 对规划评估的理念、方法与框架的初步探讨：以深圳近期建设规划实践为例 [J]. 城市规划，32 (6)：39-43.

苏立娟，陈嘉文，覃鑫浩，等 . 2014. 新西兰林业规划实施评估理论、方法与借鉴 [J]. 世界林业研究，27 (1)：77-81.

粟娟，蓝盛芳 . 2000. 评估森林综合效益的新方法——能值分析法 [J]. 世界林业研究，13 (1)：32-37.

孙德祥，钱拴提，周广阔，等 . 2003. 宁夏盐池半荒漠区沙漠化土地综合治理生态工程效益评价［J］. 水土保持学报，17（1）：80-83.
仝小林，马丽，毕俊国，等 . 2009. 延安市退耕还林生态效益评价［J］. 江西农业学报，21（2）：123-126.
托马斯·戴伊 . 2008. 理解公共政策［M］. 11 版 . 孙彩红译 . 北京：华夏出版社 .
汪军，陈曦 . 2011. 西方规划评估机制的概述：基本概念、内容、方法演变以及对中国的启示［J］. 国际城市规划，26（6）：78-83.
王汉忠 . 2006. 林业支出项目绩效评价体系初探［J］. 绿色财会，（7）：3-5.
王开荣，刘琼芳，肖剑 . 2012. 最优化方法［M］. 北京：科学出版社 .
王幼臣，张晓静 . 1996. 森林公园和自然保护区社会评价的理论与方法研究［J］. 林业经济问题，16（3）：1-8，35.
王月 . 2012. 线性规划在经济管理中的应用［J］. 现代教学研究，（1）：54.
王治，王宗军 . 2006. 政府采购绩效的多层次多目标模糊综合评价［J］. 武汉理工大学学报（信息与管理工程版），28（8）：91-94，98.
王中兴，兰继斌，徐玲 . 2007. 模糊群决策的逼近于理想解排序法［J］. 模糊系统与数学，21（2）：79-86.
魏权龄 . 2012. 数据包络分析［M］. 北京：科学出版社 .
温治强 . 2008. 浅谈退耕还林工程的经济和社会效益［J］. 现代农业，（8）：63.
薛建明，张凯 . 2007. 日本林业经营理念和林业发展保障制度［J］. 新疆林业，（3）：39-40.
颜培瑾 . 2014. 国外国有林业资源管理对我国的启示［J］. 商业经济，（1）：44-46.
杨建波，王利 . 2003. 退耕还林生态效益评价方法［J］. 中国土地科学，17（5）：54-58.
杨聚在，张玮，董淑相 . 1997. 逼近理想解排序法在卫生监督质量综合评价中的应用［J］. 中国卫生统计，14（5）：28-29.
杨旭东 . 2005. 退耕还林工程效益评价案例分析：以湖北省秭归县中坝村为案例［J］. 绿色中国（理论版），（2M）：27-29.
姚敏，张莉莉 . 2007. 林业建设项目经济可行性评价系统的研建［J］. 河北林果研究，22（4）：368-370.
姚清亮，仝小碗，赵海祥 . 2009. 退耕还林效益评价指标体系研究［J］. 河北林果研究，24（2）：161-164，171.
余新晓，谷建才，岳永杰，等 . 2010. 林业生态工程效益评价［M］. 北京：科学出版社 .
负杰，杨诚虎 . 2006. 公共政策评估：理论与方法［M］. 北京：中国社会科学出版社 .

曾睿 . 2010. 大燕河水环境质量的模糊数学综合评价［J］. 清远职业技术学院学报，3（6）：33-35.

张建国，张守攻，潘允中，等 . 1999. 论人工林定向培育和高效利用在我国林业建设中的意义［J］. 林业科技管理，（3）：24-28.

张金马 . 1992. 政策科学导论［M］. 北京：中国人民大学出版社 .

张明明 . 2010. 可持续发展规划实施的评估方法研究：以安吉为例［D］. 杭州：浙江大学硕士学位论文 .

张雅波，张跃龙 . 1999. 定性预测方法［J］. 吉林建筑工程学院学报，16（1）：59-62.

张莹 . 2010. 运筹学基础［M］. 2 版 . 北京：清华大学出版社 .

张颖 . 2001. 必须加强森林资源社会效益的核算［J］. 经济研究参考，（2）：44-48.

张祖荣 . 2001. 我国森林社会效益经济评价初探［J］. 重庆师专学报，20（3）：23-26.

赵淑兰 . 2011. 社会调查方法［M］. 北京：机械工业出版社 .

郑志文，李晓东 . 2003. 林业建设项目分类与经济评价参数确定［J］. 低温建筑技术，25（1）：70-72.

支玲，李怒云，田治威，等 . 2004. 西部退耕还林工程社会影响评价：以会泽县、清镇市为例［J］. 林业科学，40（3）：2-11.

周晓峰，蒋敏元 . 1999. 黑龙江省森林效益的计量、评价及补偿［J］. 林业科学，35（3）：97-102.

Bertalanffy L V. 1968. General System Theory：Foundations，Development，Applications（Revised Edition）［M］. NewYork：George Braziller.

Caro F G. 1971. Evaluation research：an overview［A］//Caroed F G. Reading in Evaluation Research［R］. New York：Russell Sage Foundation.

Dubé Y C，Schmithüsen F. 2007. Cross-sectoral Policy Developments in Forestry［M］. Wallingford，Cambridge：CABI Pub：248-259.

Hill M. 1968. A goals-achievement matrix for evaluating alternative plans［J］. Journal of the American Institute of Planners，34（1）：19-29.

Laurian L，Day M，Berke P R，et al. 2004. Evaluating plan implementation：a conformance-based methodology［J］. Journal of the American Planning Association，70（4）：471-480.

Mason G. 2008. Evaluating the Effectiveness of Conformance-Based Plans：Attributing Built Heritage Outcomes to Plan Implementation Under New Zealand's Resource Management Act［D］. Hamilton：The University of Waikato.

Miller D H, Patassini D. 2005. Beyond Benefit Cost Analysis: Accounting for Non-market Values in Planning Evaluation [M]. NewYork: Ashgate Pub Limited.

Polanyi M. 1966. The Tacit Dimensions [M]. NewYork: Anchor Press.

Vedung E. 1997. Public Policy and Program Evaluation [M]. New Brunswick: Transaction Publishers.

Weiss C H. 1972. Methods for Assessing Program Effectiveness [M]. Englewood Cliffs: Prentice Hall, Inc.

Wildavsky A. 1963. If planning is everything, may be it's nothing [J]. Policy Science, 4 (2): 127-153.